JN024488

Hospitality Presented Beautifully

素敵なおもてなしの
プレゼンテーション

宮澤奈々

世界文化社

Introduction
はじめに

「どうしたらこの料理をもっと素敵に、可愛くできるかな」
　一緒に食卓を囲む家族や友人の喜ぶ顔を思い浮かべながら、いつもこんなことばかり考えています。

　身近な材料で作る家庭料理でも、切り方、盛りつけ、器選び、テーブルセッティングや飾り花など、プレゼンテーションの工夫ひとつで季節を感じ、心躍る夢の世界へと誘うことができるのが、料理を作り、おもてなしをする醍醐味だと思っています。料理の世界は奥深く、勉強と探究の日々ですが、だからこそ飽きることなく夢中になれるのかもしれません。

　本書では四季折々の行事にちなんだ小さなパーティや人気の料理を囲む日のテーブルなど、シチュエーションを設定し、それぞれに似合うおもてなし料理のレシピやアレンジ例、盛りつけのヒント、テーブルセッティングのアイディアをご提案します。私の定番のおもてなしレシピに加え、このシチュエーションだったらどんな演出をしよう？　と、本書のために想像をめぐらせ、試作を重ねたプレゼンテーションも多数登場します。
　さらに、おなじみのフルーツをおもてなしの一皿に変身させるカッティング術、オリジナリティたっぷりに美味なる贈り物をするときのラッピング術、写真撮影のために手作りした背景やセットの制作の舞台裏もお教えします。

　いずれのアイディアも難しいことぬき、手に入りやすい材料で再現できることを心がけました。肩肘はらずに、自由に楽しんでいただければと思います。

　〝素敵なおもてなしのプレゼンテーション〟で、たくさんの食卓に笑顔の輪を広げられますように——。

宮澤奈々

素敵なおもてなしのプレゼンテーション

Contents 🍴

☞ 1カップは200ml、計量スプーンの大さじ1は15ml、小さじ1は5mlです。

☞ オーブン（電気、ガス）を使用の際、メーカー、機種、庫内のサイズ、熱源の違いなどによって、焼き時間が多少異なる場合があります。

☞ 調理時間や調理温度は目安です。様子をみて調整してください。

Chapter

1

Sunday Brunch

サンデーブランチ

定番メニューのモダンな
バリエーション

心地よい自然光のもとテラスでの休日ブランチは、
私にとって最高の癒し時間です。爽やかな季節には、
お友達を招いて小さなブランチパーティを開くことも。
そんなときはケークサレやパンケーキ、
サンドイッチといった定番メニューを
少しだけ華やかにアレンジしてお楽しみいただきます。

とうもろこし尽くしの
ブランチ

　世界三大穀物の一つに数えられるとうもろこし。焼く、蒸す、ゆでる、揚げる……あらゆる調理を施しても風味豊かで主菜にも副菜にも重宝する、夏野菜のオールラウンダーです。沖縄から北海道まで産地が広いので旬が長く、最近は品種も豊富で飽きることなく楽しめるのも嬉しいですね。芯からはおいしいだしが取れますし、ひげは揚げると香ばしく、料理のトッピングにもなります。捨てるところが本当にありません。

　そんな優秀食材、とうもろこしをまるごと味わうブランチメニューです。つややかなイエローの実や瑞々しいグリーンの皮は盛りつけでも大活躍。皮つきのヤングコーンはそのものの愛らしい形をいかして料理しました。とうもろこしはビジュアルにおいても優秀選手ですね。

Table setting ideas

とうもろこし尽くしのメニューですから、ナプキンもとうもろこしに似せて折り（P.6）、テーブルフラワーには写真右のようにブーケに見立てたヤングコーンを用意しました。器は爽やかな白とガラスを基調にコーディネート。白いプレートは実は漆塗りで、マットな質感はガラスプレートとも相性抜群です。今日のような洋風のテーブルで、モダンなコーディネートを楽しめるお気に入りの器です。

ナプキンの折り方は P.134 参照

fresh corn cake salé

とうもろこしのケークサレ

9

grilled baby corn in husks

ヤングコーンの皮ごとグリル

fresh corn mousse

とうもろこしのムース

とうもろこしのケークサレ

ベーコンやパルミジャーノ・レッジャーノのこくと、
とうもろこしの甘さが絶妙なボリューム感たっぷりのケークサレです。
ほんのり効かせたカレーの香りは、夏気分を盛り上げる大事なアクセントです。

材料（直径16cmのデビルケーキ型1台分）

とうもろこしの実 …… 50g

ベーコン …… 50g

玉ねぎ（みじん切り） …… 50g

卵 …… 2個

グラニュー糖 …… 小さじ1

オリーブオイル、牛乳 …… 各50mℓ

Ⓐ ┌ 薄力粉 …… 100g
　├ ベーキングパウダー、カレー粉 …… 各小さじ1
　└ ターメリック …… 小さじ1/2

粗塩 …… 小さじ1/2

黒こしょう …… 小さじ1/4

パルミジャーノ・レッジャーノ …… 50g

クリームチーズ、とうもろこしのひげ …… 各適量

塩、こしょう …… 各少々

エディブルフラワー …… 適量

*デビルケーキ型は製菓道具の専門店で手に入る。

作り方

1 フライパンにベーコンを入れて火にかけ、脂が出たら玉ねぎ、とうもろこしの実を加えて炒める。

2 卵とグラニュー糖をボウルに入れて泡立て器で混ぜ、卵がほぐれたらオリーブオイル、牛乳を少しずつ加えて混ぜる。

3 Ⓐを合わせてふるいにかけ、2に加えてゴムべらで混ぜる。さらに1、パルミジャーノ・レッジャーノ、粗塩、黒こしょうを加え、よく混ぜる。オリーブオイル（分量外）を塗っておいた型に流し入れ、190度のオーブンで30分焼く。

4 型から外して粗熱が取れたら、柔らかくしておいたクリームチーズを絞る。米油（材料外）で揚げて塩、こしょうをふったとうもろこしのひげ、エディブルフラワーを飾る。

ヤングコーンの皮ごとグリル

皮の中で蒸し焼き状態にすることで、さらに甘みを増すヤングコーン。
トッピングのタルタルソースは、
カラフルなアクセサリーをまとっているかのようにデコレーションしました。

材料（4人分）

ヤングコーン（皮つき） …… 8本

玉ねぎ、パプリカ（ともにみじん切り） …… 各大さじ1

塩、こしょう …… 各少々

白バルサミコ酢 …… 大さじ1

マヨネーズ …… 1/4カップ

ゆで卵（黄身と白身を分け、ざるで裏ごししておく） …… 1個

ケイパー …… 小さじ1

チャービル …… 適量

作り方

1 ヤングコーンは皮ごとグリルパンで焼く。

2 玉ねぎとパプリカを塩、こしょう、白バルサミコ酢であえて、15分ほどおく。

3 1のコーンの皮をむく。コーンの表面にマヨネーズを絞り、汁気を拭いた2の玉ねぎとパプリカ、ゆで卵、ケイパー、チャービルを飾る。

とうもろこしのムース

とうもろこしの芯と昆布からとっただしでとうもろこしのピュレをのばした、
濃厚ながらも後味が上品なムースです。
キラキラ透明なトマトのジュレは見た目も味もとても爽やか。

材料（直径6cmのセルクル8個分）

とうもろこし …… 1本（実は正味100g）
バター …… 大さじ1
水 …… 1カップ
昆布 …… 3cm
セージ …… 4枚
牛乳 …… 150mℓ
塩、こしょう、ナツメッグ …… 各適量
粉ゼラチン …… 5g（とうもろこしのピュレ300gに対して）
水 …… 大さじ1
生クリーム …… 50mℓ
レッドキャベツのスプラウト …… 少々
トマトのジュレ、トマトの皮のチュイル
（ともに下記参照）…… **各適量**

作り方

1　とうもろこしは皮から外し、2つに手で割った後、包丁で縦半分に割り、実を外す。

2　フライパンにバターと1の実を入れて火にかけ、さっとソテーする。飾り用に大さじ1分取りおく。

3　2と1のとうもろこしの芯、水1カップ、昆布、セージを鍋に入れて火にかけ、沸騰させずに10分煮る。

4　とうもろこしの芯とセージ、昆布を取り出し、粗熱を取った3をミキサーにかけ、なめらかになったら牛乳を入れてさらにかける。

5　4をざるでこして、塩、こしょう、ナツメッグで味をととのえ、小鍋に入れて人肌くらいに温める。

6　5をボウルに移し、水大さじ1でふやかしておいた粉ゼラチンと混ぜ合わせる。氷水を入れた大きめのボウルに当てて5分程度、とろみがつくまで混ぜる。

7　五分立てにした生クリームと6を合わせる。底面にラップをぴったり貼りつけたセルクルに流し、冷蔵庫で冷やし固める。

8　7をラップから外してへらなどにのせて皿に移す。**トマトのジュレ**、2で取りおいたとうもろこし、レッドキャベツのスプラウトを飾る。最後にセルクルから外し、**トマトの皮のチュイル**を飾る。

トマトのジュレ

作り方（作りやすい量）

湯むきしたトマト5個をフードプロセッサーにかけ、塩少々を加えてキッチンペーパーを敷いたざるに流し、一晩かけてこす。抽出されたクリアなジュース1カップを小鍋に移し、火にかけて軽く温める。水大さじ1でふやかした粉ゼラチン5gを合わせ、塩で味をととのえて冷蔵庫で冷やし固める。スプーンでくずしてとうもろこしのムースにトッピング。

トマトの皮のチュイル

作り方

湯むきしたトマトの皮をオーブンシートではさみ、重石をして100度のオーブンで30分焼いてパリパリにする。

集う日のパンケーキ

　ブランチやおやつの定番といえば「パンケーキ」。メープルシロップをたっぷりかけてシンプルにいただくのが最高ですが、ブランチパーティでは、ちょっとおめかしスタイルのパンケーキをお楽しみいただきましょう。

　大好きなパンケーキも、少々重くてたくさん食べられないというかたも多いのではないでしょうか。そこで考えたのが軽やかさを追求した胃にもたれにくい生地。ポイントは卵です。卵白はレモン汁の酸を加えてしっかりメレンゲ状に立てること。卵黄もマヨネーズのように完全に乳化させます。こうすることでふんわり軽やかな食感で、後味のよいパンケーキができます。生地は作りやすい量で作って一気に焼いて、使わない分は冷凍しておくと急な来客のときも便利。どんなアレンジにも合うように甘さは控えめです。

ナチュラルな木目のテーブルに、ライトグリーンと白を基調にコーディネート。ナプキンもツリーをイメージして折っています。テーブルフラワーはガラスの平鉢にフローラルフォーム（オアシス）を敷いて、茎を短く切った花をいけ込みました。鉢に巻きつけているのは園芸専門店で見つけた人工苔の「モスリボン」。上から麻紐でぐるっと結んで、仕上げもナチュラルに。

ナプキンの折り方は P.134 参照

eggs benedict pancakes

エッグベネディクト風パンケーキ

fruits pancakes

フルーツパンケーキ

petite pancakes & mini corn dogs

プチパンケーキ＆ミニアメリカンドッグ

基本のパンケーキ

材料（作りやすい量）

卵白 …… 3個分
グラニュー糖 …… 大さじ1弱
レモン汁 …… 3滴
卵黄 …… 2個分
塩 …… ひとつまみ
米油 …… 50㎖
Ⓐ ┌ 薄力粉 …… 40g
　 └ ベーキングパウダー …… 小さじ1/2
米油、バター …… 各適量

作り方

1 ボウルに卵白、グラニュー糖、レモン汁を入れてハンドミキサーで攪拌し、しっかり立つ状態のメレンゲを作る。

2 別のボウルに卵黄、塩を入れ、米油50㎖を少しずつ加えながらハンドミキサーで混ぜ合わせる。マヨネーズ状になるまで乳化させる。

3 1と2を合わせたボウルにふるっておいたⒶを加え、粉っぽさがなくなるまでゴムべらでさっくりと混ぜ合わせる。

4 フライパンに米油をひいて火にかけ、温まったら3の生地を好みの大きさになるよう流し入れる。小さな耐熱ボウルに水を入れてフライパン内に置き、ふたをして中弱火〜弱火で蒸し焼き状態にする。

5 表面に小さな気泡が出てきたら裏返し、もう片面を焼く。

6 焼き上がったら耐熱ボウルを取り出して、火を止める前にバターを落とし、パンケーキになじませながら香りづけをする。

=== Nana's tip ===

蒸し焼きにするための水を入れたボウルも置くので、フライパンは大きめがベター。セルクルの内側にオーブンペーパーを貼って生地を流すと、立ち上がりのあるパンケーキが焼ける。

エッグベネディクト風パンケーキ

パンケーキとエッグベネディクト、
ブランチの人気者どうしの共演です。
小ぶりのスキレットに盛りつけて、
キッチンのライブ感そのままにサーブします。

材料（2人分）

卵黄 …… 2個分
水 …… 大さじ3
レモン汁 …… 小さじ1
溶かしバター …… 30g
ハーブ（ディル、イタリアンパセリ、チャービルなど）…… 20g
オリーブオイル …… 100㎖
基本のパンケーキ（直径10㎝）…… 2枚
卵 …… 2個
飾り用のハーブ（ディル、イタリアンパセリ、チャービルなど）、**スモークサーモン** …… 各適量

作り方

1 オランデーズソースを作る。卵黄、水、レモン汁をボウルに入れて湯せんにかけ、泡立て器でマヨネーズ状になるまで混ぜる。温かい溶かしバターを少しずつ加えて混ぜ、乳化させる。

2 ハーブ20gをさっと塩ゆでし、しっかり水気を拭いてオリーブオイルとともにミキサーにかけて乳化させる。

3 2の20g分を1と合わせて、ハーブオランデーズソースにする。

4 スキレットを温め、大きさに合わせて焼いたパンケーキを盛りつける。半熟に焼いた目玉焼きをのせ、3のソースを適量かける。ハーブやスモークサーモンを飾る。

フルーツパンケーキ

フルーツとクリームを重ねた、デザートパンケーキの王道です。
クリームはゆっくり召し上がっても崩れないよう、マスカルポーネと1：1の割合にしました。

材料（1台分）

生クリーム …… 50㎖
マスカルポーネチーズ …… 50g
粉糖 …… 大さじ2

【シロップ】
A ┌ グラニュー糖 …… 20g
  └ 水 …… 40㎖

基本のパンケーキ（直径10㎝）…… 4枚
キウィフルーツ …… 2個
ブルーベリー、ブラックベリー、ハーブ …… 各適量
メープルシロップ、好みのナッツ、キウィフルーツ、
　ラズベリー …… 各適量

作り方

1 マスカルポーネチーズのクリームを作る。ボウルに
マスカルポーネチーズ、粉糖を入れ、生クリームを
少しずつ加えながら泡立て器で泡立てる。

2 Aを火にかけて溶かし、シロップを作る。

3 器の大きさに合わせて焼いたパンケーキとパンケー
キの間に、シロップ、クリームの順に少量ずつ塗り、
カットしたキウィフルーツをはさみながら、好みの高
さまで積み上げる。頂上に残りのクリーム、ブラッ
クベリーやブルーベリー、キウィフルーツ、ハーブを
飾る。薄く粉糖（分量外）をふる。

4 好みのナッツや刻んだキウィフルーツ、ラズベリー
をそれぞれひたひたの量のメープルシロップに浸す。
パンケーキにかけていただく。

プチパンケーキ

プチフール感覚で楽しむ、
一口サイズのパンケーキ。
マスカルポーネのクリームに
お好みのフルーツを添えて。

材料（2個分）

基本のパンケーキ（直径3㎝）…… 6枚
マスカルポーネチーズのクリーム
　（フルーツパンケーキの作り方1を参照）…… 適量
好みのフルーツ（ここではフランボワーズ、すぐり）
　…… 適量

作り方

1 小さく焼いたパンケーキに、マスカルポーネ
チーズのクリームをはさむ。

2 頂上に好みのフルーツを飾ってピンで留める。
軽く粉糖（材料外）をふる。

ミニアメリカンドッグ

ちょっと郷愁を誘うスナック。
マスタードとケチャップは
オーブンシートを丸めた
コルネでデコレーション。

材料（2個分）

ウィンナソーセージ …… 1本
基本のパンケーキの生地 …… 適量
米油、マスタード、ケチャップ …… 各適量

作り方

1 ウィンナソーセージに切り目を入れて半分に切
り、強力粉（材料外）をまぶし、楊枝を刺す。

2 パンケーキの生地をつけて150度の米油でき
つね色になるまでゆっくり揚げる。マスタード、
ケチャップをデコレーションする。

サンドイッチにも
楽しい驚きを

　おもてなしのメニューを考えるとき、いつも心がけているのが楽しいサプライズです。サンドイッチのような誰にでもおなじみの料理ですと、とりわけ気合いが入ります。

　ご紹介する「とろとろ卵のサンドイッチ」は8cm角の小ぶりの食パンを偶然見つけたことから生まれたメニューです。くりぬいたパンにサンドイッチを詰める「パン・シュープリーズ」をヒントに、手のひらにのる立方体の食パンを宝箱に見立てました。リボンをほどいてパンのふたを開けると、菜種色のスクランブルドエッグをたっぷりはさんだサンドイッチが現れるという、シュープリーズ（驚き）の仕掛け。サンドイッチとともにお出しする黄色いにんじんのスープやカスタードクリームとヨーグルトのデザート、テーブルコーディネートも柔らかな菜種色に揃えたブランチメニューです。

Table setting ideas

テーブルクロス、ナプキンともに菜種色を選び、うららかな春の日を演出しました。陶器のラウンドボウルにはアリッサムやすみれなどをポットのまま入れて、寄せ植え風に。鳥のオブジェをちょこんと置くと、部屋の中に小さなガーデンができたようです。サンドイッチを盛りつけたスクエアのガラス皿は「グラススタジオ」のもの。中央のくぼみにミニ食パンがぴったり収まりました。

ナプキンの折り方は P.135 参照

とろとろ卵のサンドイッチ

たまごサンドといえばゆで卵のタルタルをはさむのがおなじみですが、
菜種色がより鮮やかに出るスクランブルドエッグにしました。
卵も黄身の色が濃いものを選んでいます。

材料（8cm角の食パン2個分）

卵 …… 4個

生クリーム …… 大さじ1

塩、こしょう …… 各適量

バター …… 適量

マヨネーズ …… 大さじ1

玉ねぎ（みじん切り）…… 大さじ1

8cm角の食パン（P.24参照）…… 2個

辛子マヨネーズ …… 大さじ1

作り方

1 スクランブルドエッグを作る。ボウルに卵、生クリーム、塩、こしょうを入れて泡立て器で混ぜる。

2 フライパンに薄くバターを塗って火にかけ、温まったら弱火にして1の卵液を入れる。へらで混ぜながら温め、とろとろになったら火からおろし、容器に移す■。粗熱が取れたらマヨネーズ、玉ねぎを混ぜ合わせる。

スクランブルドエッグは、スプーンからゆっくり落ちる柔らかさが目安。卵は「とよんちのたまご」（http://www.toyo-tama.net/）を使用。

3 8cm角の食パンの上部1cmを切り落とす。切り口に包丁を垂直に入れて四方に切り込みを入れる■。

食パンの内側に包丁を入れる。底まで刃を入れないよう注意。

4 食パンの外側面1面のみ、底から1cmのところに包丁を入れる。刃を底面に平行に入れ、中身をそぐように切り離す■。食パンの白い部分を取り出して■、4枚にスライスする。

外面の底部1か所に包丁を平行に入れて、中身を切り離す。

食パンの中身を引き出すようにして取り出し、4等分にスライスする。

5 スライスしたパンにバターと辛子マヨネーズを塗り、2のスクランブルドエッグをはさむ。それぞれ4等分に切り、取り出した食パンの中に戻すように盛りつける。3の切り落とした食パンでふたをする。リボンをかけ、菜の花を添えてプレゼンテーションしても。

黄色いにんじんのヴルーテ

菜種色に仕上がるよう、黄色いにんじんをピュレにしてブイヨンでのばした、
ベルベットのようになめらかな口当たりの一品です。
エディブルフラワーを飾り、お花畑の景色に。

材料（4人分）

黄にんじん …… 1本
玉ねぎ …… 50g
じゃがいも …… 1/2個
鶏手羽先 …… 1本
バター …… 適量
水 …… 400㎖
ローリエ …… 1枚
牛乳 …… 25㎖
生クリーム …… 10㎖
塩、白こしょう …… 各適量
食パン（耳の部分）…… 1枚分
牛乳 …… 50㎖
ベーコン …… 10g
クリームチーズ、ディル、紫にんじん、
　ミント、エディブルフラワー …… 各適量

作り方

1　黄にんじんは縦半分に切ってから3㎜厚さに切る。玉ねぎ、じゃがいもは皮をむいて薄切りにする。

2　鍋にバターを入れて火にかけ、玉ねぎを炒める。透き通ったらにんじん、じゃがいも、鶏手羽先を加えて、さらによく炒める。水とローリエを入れて30分程度煮たら、手羽先を取り出す。

3　2に牛乳25㎖、生クリームを加え、弱火で5分程度さらに煮る。鍋からミキサーに移し、なめらかになるまで撹拌する。再び鍋に戻し、塩と白こしょうで味をととのえる。

4　クルトンを作る。食パンの耳を麺棒でのばし、幅約1㎝の棒状に切り分ける。オーブンシートを敷いた天板に移し、反らないように天板などで重石をして160度のオーブンで20分焼く。

5　ミルクの泡を作る。小鍋に牛乳とベーコンを入れて温め、ベーコンを取り出す。ハンディミキサーもしくはミルクフォーマーで泡立てる。

6　3を器に盛り、5の泡をのせる。4のクルトンに柔らかくしたクリームチーズを絞り、その上に蝶の形に抜いた紫にんじんやハーブ、エディブルフラワーをのせ、器に添える。

フルーツヨーグルト

こっくりとしたカスタードクリームと爽やかなヨーグルト、2つのいいとこ取りのデザートです。
キルシュは、合わせるフルーツによってアマレットやコアントロー、
マリブなどお好みのリキュールに変えても美味。

材料（4人分）

卵黄 …… 1と1/2個分
グラニュー糖 …… 35g
薄力粉 …… 15g
牛乳 …… 150㎖
キルシュ …… ティースプーン1さじ
プレーンヨーグルト …… 150g
ラズベリー、いちご、エディブルフラワー、
　ブルーベリー、キウィフルーツ …… 各適量

作り方

1 ボウルに卵黄とグラニュー糖を入れてすり混ぜ、薄力粉を加え混ぜる。

2 1と牛乳を鍋に入れて弱火にかけて混ぜ、とろみがついたら火からおろす。キルシュを混ぜる。

3 粗熱が取れたらボウルに移して冷蔵庫で冷やす。

4 サーブする直前に3とヨーグルトを混ぜ合わせて器に盛りつける。エディブルフラワーと好みの大きさに切ったフルーツを飾る。

═══ Nana's tip ═══

サンドイッチに使ったパンが買えるベーカリー

「とろとろ卵のサンドイッチ」(P.22)
8㎝角の食パン
WHY NOT（ワイノット）
東京都港区赤坂1-8-1 赤坂インターシティ AIR 2F
℡ 03-5797-7441（コーテシー）

「ブリオッシュキューブの
トルティージャサンド」(P.28)
キューブ型のブリオッシュ
「キュブ・べー」
d'une rarete（デュヌ・ラルテ）本店
東京都世田谷区等々力7-18-1 紀ノ国屋等々力店内
℡ 090-6305-3479
https://www.dune-rarete.com/

「カプレーゼ風サンド」(P.27)
米粉プチパン
**イッツ サンドイッチ マジック
伊勢丹新宿店**
東京都新宿区新宿3-14-1　伊勢丹新宿店B1F
℡ 03-3352-1111（大代表）
https://www.andersen.co.jp/swm/

「ダミエ」(P.28)「ジュエルボックスサンド」(P.29)
チャコール食パン
目黒川ロータス
東京都目黒区青葉台1-13-10
℡ 03-5456-5141
https://www.lotusbaguette.com/

※2020年7月時点での情報です。ご紹介したパンは材料調達等の都合で店頭に並ばないこともあります。あらかじめご了承ください。

おしゃれなサンドイッチのバリエーション

ブランチはもちろん、あらゆるパーティで活躍する一口サイズのサンドイッチ。
手に取りたくなるビジュアル、バラエティ豊かな味や食感を意識して考えました。

食パンはいずれもサンドイッチ用の食パン（12枚切り。1枚あたり1cm厚さ）を使用。

きゅうりとサーモンのサンド

材料（4個分）

食パン …… 3枚
きゅうり …… 1本
スモークサーモン …… 2枚
バター、マヨネーズ、クリームチーズ …… 各大さじ1
キャビア、チャービル、イクラ、ディル …… 各適量

作り方

1　直径3.5cmのセルクルで食パンを12枚抜き、3枚1組にする。

2　きゅうりはスライサーで薄切りにし、軽く塩（材料外）をふってしんなりとするまでおく。水分を拭き取る。

3　2のきゅうりとスモークサーモンは仕上げのサンドイッチに巻く分を残して、パンの大きさに合わせてそれぞれ4枚に切る。

4　パン1枚の片側にマヨネーズを塗って3のきゅうりを置く。もう1枚のパンは片側にバター、もう片側にマヨネーズを塗り、バター側を下にして重ねる。3のスモークサーモンを置く。残り1枚のパンの片側にマヨネーズを塗って重ねる。

5　3で残しておいたきゅうり、スモークサーモンをそれぞれサンドイッチに巻く。巻き終わりはバター（分量外）で留める。

6　サンドイッチの天にクリームチーズを絞る。きゅうりを巻いたサンドイッチにはキャビアとチャービルを、サーモンを巻いたサンドイッチにはイクラとディルをのせる。

アボカドチーズのアミューズサンド

材料（作りやすい量）

食パン …… 2枚
アボカド（小さめ）…… 1個
クリームチーズ …… 60g
塩、こしょう …… 各少々
マイクロトマト、グリーンピース …… 各適量
パルミジャーノ・レッジャーノ …… 適量

作り方

1　食パンは耳を切り落とす。1枚は2cm幅に切り、反らないように軽い重石（ケーキの焼き型など）をのせ、150度のオーブン（オーブントースターなら低温）でカリカリになるまで20分ほど焼く。

2　もう1枚のパンは耳を切り落としてから麺棒で薄くつぶし、1cm幅に切る。重石（天板など）をのせて160度のオーブン（オーブントースターなら低温）で20分焼く。

3　アボカドのペーストを作る。つぶしたアボカド、クリームチーズ、塩、こしょうをへらなどでよく混ぜてペースト状にする。

4　1のパンを立てておき（高さ2cm、幅1cmの状態とする）、3のアボカドのペーストをのせる。マイクロトマトとゆでたグリーンピースを2個ずつのせ、それぞれの上にアボカドのペーストを少量絞る（接着剤代わり）。2の薄いパンをのせる。

5　皿に盛りつけ、パルミジャーノ・レッジャーノをすりおろしてかける。

ブランダードのクラッカー風サンド

材料（作りやすい量）

じゃがいも（皮をむいて薄切り）…… 大1個
にんにく …… 1かけ
牛乳 …… 100㎖
水 …… 300㎖
鱈（甘塩）…… 3切れ
オリーブオイル …… 大さじ3
食パン、貝割れ菜、食用バラの花びら …… 各適量

作り方

1 ブランダードを作る。じゃがいも、にんにく、牛乳、水を鍋に入れて火にかけ、5分ほど煮る。鱈を入れてさらに5分ほど煮る。ざるでこし、鱈の皮と骨を除く。

2 1 をフォークでほぐし、オリーブオイルを加えてよく混ぜる。オイルで好みの固さに調整する。

3 食パンは耳を切り落とし、麺棒で薄くつぶして好みの形に切る。「アボカドチーズのアミューズサンド」（P.26）の 2 の要領で焼く。

4 2 のブランダードをたっぷりとはさみ、立てて盛りつける。貝割れ菜やバラの花びらを1片ずつのせる。

カプレーゼ風サンド

材料（2個分）

米粉プチパン（P.24参照）…… 2個
プチトマト（上下を落として半分に切る）…… 1個
ミニサイズのモッツァレラチーズ（厚めのスライス）
　　…… 2切れ
バジル …… 1パック
オリーブオイル …… 50㎖
バター、マヨネーズ …… 各適量
マイクロトマト …… 適量

作り方

1 パンを横半分に切り、断面にバターとマヨネーズを塗る。

2 プチトマト、モッツァレラチーズをはさむ。

3 バジルペーストを作る。バジル、オリーブオイルをミキサーで撹拌してペースト状にする。スポイトに適量吸わせる。

4 竹串を、2 の中央を貫くように刺し、穴をあける。ここに、バジルペースト入りのスポイトを刺す。マイクロトマトとともに盛りつける。

海老サンド

材料

海老（殻を除く）…… 80g
マヨネーズ …… 20g
生クリーム …… 10g
食パン …… 2枚
米油 …… 適量

作り方

1 フードプロセッサーに海老、マヨネーズ、生クリームを入れ、なめらかになるまで撹拌する。

2 1 を食パン2枚にたっぷりと塗るようにしてはさむ。160度の米油でじっくりと揚げる。

3 パンの耳を落とし、3cm角に切って竹串を刺す。

フルーツロールサンド

材料（1本分）

生クリーム …… 60mℓ
あんずジャム …… 20g
食パン …… 1枚
ブルーベリー …… 4個
いちごパウダー …… 少量

作り方

1 クリームを作る。生クリームを泡立て、あんずジャムと混ぜ合わせる。

2 耳を落とした食パンをラップの上にのせる。1 のクリームをパンの手前部分にたっぷりとのせ、ラップを巻きす代わりにしてパンを手前から奥へと巻く。クリームはデコレーション用に少量残しておく。巻き終えたら円筒形にととのえ、ラップの両端をしばって冷蔵庫で落ち着かせる。

3 ラップを外し、上に2 で残しておいたクリームを絞り、半割りにしたブルーベリーをのせて切り分ける。いちごパウダー少量をふる。

ダミエ

材料

食パン（白色）…… 3枚
食パン（黒色。P.24参照）…… 3枚
クリームチーズ …… 60g
塩、こしょう …… 各適量

作り方

1 食パンは耳を切り落とし、大きさを揃える。

2 クリームチーズに塩少量、黒こしょうを多めに混ぜる。

3 サンドイッチを2セット作る。一つは、白、黒、白の順に重ねる。もう一つは、黒、白、黒の順に重ねる。それぞれ間に2 を塗る。軽く押さえてラップで包み、冷凍庫で5分ほど落ち着かせる。

4 3 の2セットのサンドイッチをそれぞれ1cm幅に切り a、90度倒す。

これを3本ずつ重ね、2種類の市松模様のサンドイッチを作る b。並べたサンドイッチ同士の間に2 を塗って、形を安定させる。ラップで包み、冷凍庫で落ち着かせる。

5 凍った4 を、必要な分のみ1cmの幅に切る。そのまま自然解凍して盛りつける。

ブリオッシュキューブの
トルティージャサンド

材料（1個分）

にんにく（つぶす）…… 1かけ
オリーブオイル …… 適量
玉ねぎ（みじん切り）…… 1/2個
卵 …… 1個
生クリーム …… 100mℓ
塩 …… 小さじ1弱
こしょう …… 少々
じゃがいも
（皮をむいて厚さ1mmにスライス）
…… 大3個
バター …… 適量
4.5cm角のブリオッシュ（P.24参照）
…… 1個
アイオリソース
（マヨネーズに少量のおろしにんにくを
混ぜたもの）…… 適量

ジュエルボックスサンド

作り方

1 トルティージャ（作りやすい量）を作る。にんにくを多めのオリーブオイルとともにフライパンに入れて火にかける。香りが出てきたら玉ねぎを加えてしんなりとするまでよく炒める。火からおろし、フードプロセッサーでペーストにする。

2 ボウルに卵、生クリーム、塩、こしょうを入れて混ぜ合わせ、粗熱の取れた 1 を加えて混ぜる。

3 バターを塗った型（18cm角くらい）にオーブンシートを敷き、2 をからめたじゃがいもを2cmの厚さになるまで重ねる。アルミ箔でふたをして、190度のオーブンで30分焼く（竹串を刺して卵液がついてこなくなるまで）。そのまま冷まして落ち着かせる。

4 3 のトルティージャを横1cm×縦4cmの棒状に2本切る。じゃがいもの層が縦に見えるよう90度に立てる。

5 ブリオッシュを横半分に切り、続けてそれぞれを縦半分に切る。断面にアイオリソースを塗る。4 をはさみ、軽く押さえてからキューブ形になるよう、リボンで結ぶ。

野菜

材料（1セット分）

黒い食パン（P.24参照） …… 2枚
バター …… 大さじ2
マスタード …… 大さじ1
マヨネーズ …… 大さじ2
にんじん（10cm長さ、2mm厚さの薄切り） …… 3枚
黄にんじん（10cm長さ、2mm厚さの薄切り） …… 3枚
ビーツ（10cm長さ、2mm厚さの薄切り） …… 2枚

作り方

1 食パンの耳は切り落とす。バター、マスタード、マヨネーズを片面に塗る。

2 にんじん、黄にんじん、ビーツは塩適量（材料外）を入れた湯で軽くゆでる。湯を切ったらキッチンペーパーを広げた上にとり、上からもペーパーをかぶせて水分を拭き取る。

3 1 の食パンと同じ幅になるように、にんじん、黄にんじん、ビーツを並べて重ねる a 。上下も、食パンと同じ長さになるよう、はみ出した部分は切り落とす。

塩ゆでした3色の野菜のスライスを、食パンの幅に合わせて並べ重ねる。

4 重ねた3種の野菜を1cm幅に切る b 。3種の野菜が3層のリボン状に重なったものを、1 の食パンに対して垂直に立てるようにのせる c 。パンの端まで野菜をのせ終えたら、上からもう一枚のパンではさむ。上から軽く押し、落ち着かせる。落ち着いたら、野菜が縞模様に見える方向に沿って食べやすい幅に切る d 。野菜の縞の断面を見せるようにして、盛りつける。

重ねた野菜を1cm幅に切る。この幅が、サンドイッチの具の厚さになる。

重ねた野菜を立てパンに置く。隙間なく並べ、美しい縞模様を作る。

包丁を入れると、縞の断面が現れる。軽く凍らせてから切ると崩れない。

ハム＆チーズ

材料（1セット分）

黒い食パン（P.24参照） …… 2枚
バター …… 大さじ1
マスタード …… 小さじ1
マヨネーズ …… 大さじ1
ハム（1mmにスライス） …… 3枚
スライスチーズ …… 3枚

作り方

「野菜のジュエルボックスサンド」と同様に、3種の野菜のスライスの代わりにハムとチーズを用いて作る。

Chapter
2

Welcome to
Nana's Restaurant

おうちレストランへようこそ

エレガントに魅せる
器づかいと盛りつけ

家庭的な心地よさとレストランのような非日常感。

わが家にお招きしたゲストには、この両方をバランスよく味わって

いただきたいと思っています。何を作って、どんな器にどう盛ろうか。

そのときに使いたい食材を眺めながらパッとひらめいたイメージを

大事にしながら器を選び、盛りつけを決めます。

夢の世界を器や盛りつけで演出し、

料理を召し上がったらホッと心が和むような。

そんなおもてなしができたらと、常にアンテナをはる日々です。

ビストロ料理の定番、
パテ・ド・カンパーニュ

　パテ・ド・カンパーニュ（田舎風パテ）とバゲット、そして小さなサラダとおいしいワインがあれば、立派なおもてなしになります。私のパテ・ド・カンパーニュは、食べきれる量で作るので保存のために味は濃くせず、お肉そのもののうまみを楽しめるよう、やさしい味に仕上げています。

　ラップでクルッと包んで成形するのでテリーヌ型がなくても大丈夫。崩れることなく美しく切り分けられ、ころんとした丸い形は盛りつけるととても愛らしいです。この愛らしさをいかして、パテに添えるピクルスやマスタードは絵を描くようにトッピング。マスタードは水玉、ピクルスはパテを囲むサークル……すべて丸をイメージすると全体がまとまります。

　バゲットにはさんでサンドイッチにしたり、お肉のたねをココットで蒸し上げたり。アレンジ自在におもてなしをしています。

Table setting ideas

チェックのテーブルクロスにざっくりとした麻のナプキン。カジュアルなビストロをイメージしたファブリックに、あえて「クリストフル」のプレートとグラスを合わせてエレガントさをプラス（P.30）。柄ものどうしを合わせましたが、同系色にするとシックにまとまります。バゲット形に折ったナプキンに添えた一輪のバラは、ガーデン用品店で入手できる小さなチューブに挿し、プラスチックが見えないように麻布で包んでいます。

ナプキンの折り方は P.135 参照

bistro-style pate de campagne

ビストロ風パテ・ド・カンパーニュ

基本のパテ・ド・カンパーニュ

材料（作りやすい量）

鶏レバー（ざく切り）…… 50g

牛乳 …… 適量

米油、バター …… 各少々

にんにく（みじん切り）…… 15g

玉ねぎ（みじん切り）…… 100g

塩、こしょう …… 各少々

コニャック …… 小さじ2

豚肉（もも、肩、ロースなどさまざまな部位を合わせて、
　粗みじん切りにする）…… 500g

Ⓐ
- 塩 …… 5g
- こしょう …… 1g
- キャトルエピス …… 1.5g
- パセリ（刻む）…… 10g
- ピスタチオ、くるみ（刻む）…… 各40g

ベーコン …… 18枚

ローリエ …… 3枚

タイム …… 3本

作り方

1　鶏レバーはひたひたの牛乳に30分ほどつけて臭みを取る。牛乳から引き上げて水気を拭いておく。

2　フライパンに米油、バター、にんにく、玉ねぎを入れて火にかけ、温まったら1を入れて火が通るまで炒める。塩、こしょう、コニャックをふる。

3　豚肉とⒶをボウルに入れて粘りが出るまで混ぜ、粗熱が取れた2を加えてさらに混ぜ合わせる。

4　広げたラップ1枚にベーコンを6枚ずつ並べる。3等分した3をそれぞれベーコンの上に広げ、ラップごと筒状に巻く。一度ラップを開き、ローリエ1枚とタイム1本をそれぞれにのせて再び包む。

5　4を蒸し器に入れて火にかけ、中火で40分蒸す（スチームオーブンの場合は80度で40分）。

6　蒸し器から取り出し、粗熱が取れたら冷蔵庫で冷やす。

ビストロ風
パテ・ド・カンパーニュ

パテのたねはできるだけ豚肉のさまざまな部位を使うことが
おいしく仕上がるポイント。ディナー皿に彩りよく盛りつけます。

材料（1人分）

基本のパテ・ド・カンパーニュ
　…… 厚さ1cmのスライス1枚

野菜のピクルスのにんじんと
　きゅうり（右記参照）
　…… 各5枚

マスタード、ピスタチオ、
　ピンクペッパー、ケッパーベリー
　…… 各適量

作り方

ディナー皿にパテ・ド・カンパーニュを立てて置く。上部にマスタードを薄く塗り、刻んだピスタチオ、ピンクペッパーをのせ、ケッパーベリーを飾る。**野菜のピクルス**のにんじんときゅうりのスライスは半分に切り、パテを囲むように盛りつける。

野菜のピクルス

材料（作りやすい量）

水、白ワイン、白ワインビネガー
　…… 各100㎖

砂糖 …… 50g

粗塩 …… 小さじ2

にんにく …… 1かけ

こしょう …… 少々

ローリエ …… 1枚

にんじん（厚めのスライス）…… 1/2本

きゅうり（厚めのスライス）…… 1本

紫キャベツ（細切り）…… 3枚

作り方

1　水、白ワイン、白ワインビネガー、砂糖、粗塩、にんにく、こしょう、ローリエを鍋に入れて火にかけ、沸騰したら火を止め、粗熱を取る。

2　紫キャベツはさっとゆでる。それぞれの野菜を1の液に半日以上漬ける。

バゲットサンド

パテのアレンジ料理として欠かせないのがサンドイッチ。
ワックスペーパーで包んで麻紐で結んだり、紙のボックスに入れたり、ピクニック気分の演出に。

材料（3人分）

バゲット …… 1本
マヨネーズ …… 適量
基本のパテ・ド・カンパーニュ
　　…… 厚さ0.8cmのスライス6枚
野菜のピクルスの紫キャベツ（P.34参照）、
　　フリルレタス、好みのチーズ …… 各適量

作り方

1　バゲット1本を長さ3等分に切り、縦半分に切り込みを入れる。

2　それぞれのバゲットの内側にマヨネーズ適量を塗り、パテ・ド・カンパーニュ2枚ずつと**野菜のピクルスの紫キャベツ**、フリルレタス、好みのチーズをはさむ。

ココット入りパテ・ド・カンパーニュ

耐熱ココットにパテのたねを詰めて蒸した手土産バージョンです。ラップに包んで作ったパテもワックスペーパーと麻紐で包んで贈ります。

材料（6cm径60ml入りのココット4個分）

基本のパテ・ド・カンパーニュのたね（P.34
「パテ・ド・カンパーニュ」の作り方3まで）…… 250g
ベーコン（みじん切り）…… 3枚
ローリエ …… 4枚

作り方

1　パテ・ド・カンパーニュのたねにベーコンを混ぜ合わせる。

2　耐熱ココットに4等分した1 をそれぞれ詰め、ローリエを1枚ずつのせてからふたをして、蒸し器で40分蒸す。

北欧スタイルで
サーモンマリネを

　北欧はいつかゆっくり旅したい場所。町のそこかしこに見られる
モダンで機能的なデザイン、そして温かなパステルカラーに心惹か
れています。そんな北欧へのオマージュを込めたサーモンマリネを
囲むおもてなしでは、パステルカラーの器を中心にコーディネート
してみました。

　器は「イッタラ」の定番中の定番ティーマ。私はモノトーンの器
が好きなので食器棚には白や黒、ガラスが多くを占め、柄や明るい
色の器はごくわずかしか持っていないのですが、ティーマのほんの
りグレーがかったパステルカラーは、ポップなのに絶妙にシックで
気に入っています。盛りつけは、くすっと笑えるような楽しさを意
識して。小さな魚形のパイは泳がせるように、サーモンのタルタル
はサーモンオレンジの花が咲いたように盛りつけました。

パステルカラーの器を主役に、北欧の冬の暖かで心地よい部屋のシーンを
イメージしてコーディネートしました。子どもっぽくなりすぎないようフラ
ワーベースやグラス、ナプキンは少しスモーキーな色を合わせています。
ナプキンは三角屋根の家に見立てて折っています。「サーモンのカップずし」
（P.39）の器をのせたモコモコ素材のマットはダンボール紙を丸く切り、ボ
ア生地をかぶせた手作りです。

ナプキンの折り方は P.135 参照

*tartare of marinated salmon
and petite salmon pie*

サーモンマリネのタルタルとプチサーモンパイ

基本のサーモンマリネ

材料（4人分）

刺し身用サーモンのさく …… **300g**

塩 …… **9g**（刺身用サーモンの重さの3%）

グラニュー糖 …… **4.5g**（同1.5%）

粒こしょう（つぶす）、**ディルの茎**（刻む）…… **各適量**

※保存する場合はファスナーつきポリ袋に移し、ひたひたのオリーブオイル（材料外）に漬ける。冷蔵庫で3〜4日保存可能。

作り方

1 刺し身用サーモンをバットに入れ、塩、グラニュー糖、こしょう、ディルの茎を混ぜたものをまぶす。ラップをして冷蔵庫に入れ、6時間〜1日おく。

2 1のサーモンをさっと洗い、水気を拭き取り、バットにセットした網にのせる。そのまま冷蔵庫で2時間〜12時間乾かす。

サーモンマリネのタルタルとプチサーモンパイ

塩分を入れて脱水する過程で独特の臭みが抜け、均一にうまみが凝縮されたサーモンマリネ。
刺し身用のさくで作るので、サーモンの切り方ひとつで個性的な前菜が作れます。

サーモンマリネのタルタル

材料（1皿分）

ラディッシュ（極薄いスライス）…… **1個**

基本のサーモンマリネ（刻む）…… **80g**

赤玉ねぎ（みじん切り）、**ケイパー、レモン汁、オリーブオイル、貝割れ菜、イクラ** …… **各少々**

作り方

1 ラディッシュを花のように皿に敷き、中央にセルクルを置く。

2 刻んだサーモンマリネを赤玉ねぎのみじん切り、ケイパー、レモン汁、オリーブオイルとあえて、セルクルに詰める。

3 セルクルを外し、貝割れ菜をのせる。ラディッシュの上にイクラをのせる。

プチサーモンパイ

材料（4人分）

市販の冷凍パイシート …… **20cm角2枚**

卵黄 …… **1個分**

基本のサーモンマリネ（薄切り）…… **4枚**

黒こしょう、くるみ（刻む）、**クリームチーズ、イクラ、マヨネーズ、プチトマト、ディル** …… **各適量**

作り方

1 パイシートを魚形（長さ9cm、幅4.5cm）に8枚抜き、表面に卵黄を塗って200度のオーブンで20分焼く。途中ふくらんできたら重石を置く。

2 サーモンマリネを1と同じ魚形で抜く。黒こしょう、くるみを混ぜたクリームチーズとともに1のパイ2枚ではさみ、目の位置にイクラ1粒をのせる。皿にマヨネーズで波を描き、プチトマト、ディルを添える。

サーモンのカップずし

ヨーロッパのお総菜屋さんでおなじみのライスサラダをイメージ。
おしのぎでも、食事の締めくくりでも喜ばれます。
グラス側面から楽しい景色が見えるように盛りつけました。

材料（4人分）

ご飯 …… 1カップ

赤ワインビネガー …… 大さじ3

オリーブオイル …… 大さじ3

塩 …… 小さじ1/2

こしょう …… 少々

赤玉ねぎ（みじん切り）…… 30g

プロセスチーズ（さいの目切り）
…… 30g

ケイパー …… 10g

ラディッシュ、きゅうり
（ともにスライス）…… 各適量

基本のサーモンマリネ
（さいの目切り）…… 200g

イクラ、好みのハーブ …… 各適量

ソースレムラード（マヨネーズに
刻んだケイパー、パセリ、ディル、
レモン汁、マスタード各適量を
加えたもの）…… 適量

作り方

1 ご飯、赤ワインビネガー、オリーブオイル、塩、こしょうを混ぜ合わせてすし飯を作る。

2 赤玉ねぎ、チーズ、ケイパーを 1 にさっくりと混ぜる。

3 グラスの内側にラディッシュときゅうりを飾り、2 を盛りつける。サーモンマリネとイクラ、好みのハーブを飾る。ソースレムラードを添える。

サーモンの瞬間スモーク野菜のエチュベ添え

マリネしてうまみを引き出したサーモンは、さっとスモークしても美味。
燻香をまとったボリューム感がメインディッシュにぴったりです。
軽くソテーしてもおいしいです。

材料（4人分）

刺し身用サーモンのさく …… 300g

黒、白、赤こしょう（粒）…… 各適量

スモークチップ …… 大さじ1程度

市販の冷凍パイシート
…… 20cm角1枚

卵黄、アンチョビー（細かく刻む）、
パルミジャーノ・レッジャーノ
（すりおろす）…… 各適量

にんじん …… 1/2本

かぶ …… 2個

エリンギ …… 小さめ4本

いんげん …… 2本

アンディーブ …… 少々

バター …… 15g

塩、こしょう …… 各少々

クリームチーズ、イクラ、ディル
…… 各適量

作り方

1 サーモンを**基本のサーモンマリネ**の要領でマリネする。表面に刷毛でオリーブオイル（材料外）を塗り、つぶした黒、白、赤こしょうをまぶす。

2 スモーク用の鍋にスモークチップを入れて火にかけ、煙が出たら 1 のサーモンを網などにのせて鍋に入れる。ふたをして2〜3分燻したら取り出す。

3 パイシートを10cm径のセルクルで4枚抜き、フォークなどで穴をあける。卵黄、アンチョビーを塗ってパルミジャーノ・レッジャーノをふり、200度のオーブンで20分焼く。途中ふくらんできたら重石を置く。

4 2 を8個に切り分け、3 のパイに2個ずつのせる。

5 にんじん半分はシャトー切りに、残りは丸くくりぬく。かぶは半分はくし形切り、残りは丸くくりぬく。エリンギは半分に切る。いんげんとアンディーブは食べやすい大きさに切る。

6 小鍋に 5 とバター、塩、こしょう、大さじ3程度の水（材料外）を入れて火にかけ、野菜が柔かくなるまでエチュベ（蒸し煮）にする。

7 器中央に 4 をのせ、囲むように 6 の野菜のエチュベを盛る。絞ったクリームチーズにイクラをのせて添える。にんじんにディルを添える。

あつあつのオーブン料理を囲んで

　冬の足音が聞こえてくると、家族や親しい友人から必ずリクエストされるのがオーブン料理。あつあつのオニオングラタンスープなど、体を芯から温める料理は寒い季節ならではのご馳走です。あらかじめ仕込んでおいた食材をオーブンにセットしてしまえば、キッチンの様子に気をとられることなく一緒に食卓を囲むことができるので、オーブン料理は実におもてなし向きです。温度を一定に保ちながら周囲からじんわりと火が入るため、香ばしくふっくら仕上がった料理は、心もホッと和みます。

　大人が集う会食ならば、コーディネートもシックに。銅製のオーブンウェアはテーブルにそのままサーブしてもエレガントなので気に入っています。料理を盛り分けるプレートも銅彩のリモージュ焼を合わせました。そのぶん、挿し色は鮮やかに。ナプキンやりんごの赤が映え、テーブルが華やぎます。

晩秋から初冬の景色をイメージしたコーディネートです。銅製のロースターや小鍋はフランス・ノルマンディー生まれの「モヴィエル」。ウェルカムフラワーもこちらの銅鍋にいけました。プレートはフランスのリモージュ、「ジョーヌ・ド・クローム」のものです。テーブルクロスはコンクリートのような無機質な雰囲気が出るような生地を選んでオーダーメイドしました。ここに枯れ葉や姫りんごのような自然のもの、鮮やかな赤いナプキンを添えて生き生きとした雰囲気をプラスします。

ナプキンの折り方は P.136 参照

french onion soup
roasted endive and smoked salmon
apple cheese cake

オニオングラタンスープ
アンディーブとスモークサーモンのオーブン焼き
りんごのチーズケーキ

オニオングラタンスープ

あめ色の炒め玉ねぎは多めに作ってシリコンの製氷器に
50gずつ小分けにして冷凍保存すると便利。スープや煮込み料理のベースはもちろん、
料理の味に深みを出したいときにも大活躍します。

材料（4人分）

炒め玉ねぎ（右上参照）…… **玉ねぎ3個分**
白ワイン …… **50㎖**
ブイヨン（右下参照）…… **4カップ**
塩、白こしょう …… **各適量**
にんにく …… **1/2かけ**
バゲット（薄いスライス）…… **4枚**
グリエールチーズ（削る）…… **100g**
パセリ（刻む）…… **適量**

作り方

1　**炒め玉ねぎ**に白ワインを注ぎ、沸騰したら**ブイヨン**を加えて30分煮る。塩、白こしょうで味をととのえる。

2　にんにくの切り口をバゲットにすり込み、オーブンでこんがりとトーストしておく。

3　耐熱器に1のスープを入れ、2のバゲットをのせてグリエールチーズをふる。200度のオーブンに入れて、約10分焼く。ぐつぐつと沸騰し、グリエールチーズにおいしそうな焦げ色がつくのが目安。パセリをのせて供す。

炒め玉ねぎ

材料（作りやすい量）

玉ねぎ …… 3個
バター …… 大さじ2
米油 …… 大さじ1

作り方

1　薄くスライスした玉ねぎを耐熱皿に敷きつめ、軽く塩（材料外）をふる。

2　ラップをふんわりとかけて電子レンジに入れ、600ワットで10分程度、ときどき混ぜながら加熱する。

3　フライパンに移し、バター、米油とともに中火にかけてあめ色になるまで炒める。途中焦げつきそうになったら少量の水（材料外）をたす。

ブイヨン

材料（作りやすい量）

鶏手羽 …… 8〜10本（約600g）
玉ねぎ（乱切り）…… 1個
にんじん（乱切り）、セロリの葉（乱切り）
　…… 各1本分
ローリエ …… 1枚
こしょう …… 少々
水 …… 1ℓ

作り方

すべての材料と水を圧力鍋に入れて火にかけ、圧力がかかったら弱火で10分煮る。焦げつきそうになったら少量の水（分量外）をたす。

アンディーブと
スモークサーモンのオーブン焼き

素材どうしの味わいを程よくなじませたい料理にも
オーブン調理は向いています。アンディーブのほろ苦さと
サーモンのうまみが一体となったおいしさです。

材料（4人分）

アンディーブ（縦半分に切る）…… 2本
バター …… 30g
グラニュー糖 …… 小さじ1
白ワイン …… 30㎖
水 …… 100㎖
塩 …… 小さじ1/2
スモークサーモン …… 4枚
サワークリーム …… 90g
生クリーム …… 50㎖
塩、白こしょう、パプリカパウダー、
　チャービル（刻む）…… 各適量
チャービル、パプリカパウダー
　（ともに飾り用）…… 各適量

作り方

1　アンディーブは芯を取り除く。

2　底の浅い鍋にバターとグラニュー糖を入れて、少し焦げてきたらアンディーブを入れる。キャラメリゼするように全体に焼き色をつける。

3　白ワインと水、塩を加えてふたをし、15分ほど弱火で蒸し焼きにする。途中、5分経過したら上下を返す。

4　アンディーブを鍋からバットに取り出して粗熱が取れたら、スモークサーモンを1枚ずつ巻き、バター（分量外）を塗った耐熱器に並べる。180度のオーブンで10分程度焼き、アンディーブとサーモンの風味をなじませる。

5　ソースを作る。サワークリームと生クリームを小鍋に入れて火にかけ、少々煮つまったら塩、白こしょうをし、パプリカパウダー、チャービルを混ぜる。

6　4 を器に盛りつけ、5 のソースを添える。チャービルを飾り、パプリカパウダーをふる。

りんごのチーズケーキ

チーズケーキと焼きりんごのコラボレーション。小さなりんごで作ると、
まるごと銘々にサーブできるので、可愛さもひとしおです。
りんごの葉と軸は、焼き上げた後にデコレーションします。

材料（8個分）

りんご（小さめのもの）…… 8個
クリームチーズ …… 80g
サワークリーム …… 60g
グラニュー糖 …… 60g
卵（溶きほぐす）…… 1個
生クリーム …… 30g
コーンスターチ …… 小さじ1
Ⓐ ［ バター、グラニュー糖、
　　薄力粉、アーモンドパウダー
　　…… 各25g ］
シナモン …… 少々

作り方

1　りんごはへたの部分を切り離し、皮にそってペティナイフなどで中身をくりぬく。

2　常温にもどしたクリームチーズとサワークリームにグラニュー糖を少しずつ加え混ぜ、卵、生クリーム、コーンスターチの順に加えて混ぜ合わせる。

3　2 を8等分して、1 のりんごに詰める。200度のオーブンで25分、様子を見ながら焼く。1 で切り離したへたの部分も一緒に焼く。

4　クランブルを作る。Ⓐをボウルに入れ、指先でバターをつぶすようにして全体を混ぜ合わせる。そぼろ状になったら、オーブンペーパーを敷いた天板に広げて、180度のオーブンで15分焼く。

5　3 のりんごを器に盛りつけ、4 のクランブルを添える。お好みでシナモンをふる。

ルビー色のイタリアン

　ワイン好きの友人がお気に入りを持ち寄ってわが家に集まる日は、どんなワインを選んでいるのか事前にお聞きして、おもてなしを考えます。たとえば主役が赤ワインの日はルビー色でコーディネート。料理、器、テーブルセッティング……。食卓全体からワインの豊かな香りが漂うような演出でお客さまをお迎えします。

　赤ワインが主役の日の人気メニューは「赤ワインのリゾット」。この料理の本場イタリア・ヴェネト州のワイン「アマローネ」を惜しみなく贅沢に使うことが何よりもおいしく仕上げるコツで、甘美な風味がリゾットのクオリティをいっそう高めてくれます。

　メインやデザートもソースに赤ワインの風味を漂わせて。色調、酸味、甘みなど、ワインがもつ魅力を多角的にお楽しみいただきます。ワイン談義が盛り上がり、いつのまにか夜が更けて──という日も珍しくありません。

同系色で統一していますが、同じルビー色でも陶器やガラス、アクリル、布など素材による微妙な色のニュアンスの違いを楽しめるようセッティングを考えました。料理もルビー色に寄せた色合いで仕上げました。陶器のプレートは南仏の「Jars」。ガラスプレートは「Sghr スガハラ」です。ナプキンは赤ワインをイメージしてたたみ、ワイングラスにかけて。お花はワインケースに寄せ植え風にいけて、ワインパーティの気分を盛り上げます。

ナプキンの折り方は P.136 参照

red wine risotto
beef tagliata

赤ワインのリゾット
牛肉のタリアータ

赤ワインのリゾット

鍋とずっと向き合って仕上げるイメージのリゾットも、途中まで作り置きをしておけば、
仕上げ時間を短縮できて、おもてなしのメニューにも気負いなく取り入れられます。

材料（4人分）

豚ひき肉 …… 30g

Ⓐ ┌ 塩、こしょう、
　　　にんにく（すりおろす、もしくはみじん切り）、
　　　ナツメッグ、シナモン、コリアンダー
　　　　　…… 各1つまみ
　　└

バター …… 40g

玉ねぎ（みじん切り）…… 40g

米（日本米もしくはカルナローリ米）…… 150g

赤ワイン …… 100㎖

ブイヨン（P.42参照）…… 350〜400㎖

パルミジャーノ・レッジャーノ（すりおろす）
　　…… 50g

Ⓑ ┌ 生クリーム …… 40㎖
　　└ にんにく（すりおろす）、塩、こしょう …… 各少々

ブロッコリー、食用バラの花びら、
　　パルミジャーノ・レッジャーノ、こしょう
　　　…… 各適量

作り方

1　ボウルに豚ひき肉とⒶを入れ、こねるようによく混ぜ合わせる。

2　広口の鍋にバター15g（残りは冷蔵庫で冷やしておく）を入れて火にかけ、玉ねぎ、1のひき肉、米を順に炒める。全体に油が回り、米が透き通ったら赤ワインを注ぎ入れ、アルコール分をとばす。

3　あつあつに温めた**ブイヨン**をひたひたになる程度に注ぎ、ときどきかき混ぜて水分をとばしながら米に火を入れる。

4　水分がとんだら再び**ブイヨン**を注ぎ、米に芯が少々残る程度になったら、冷蔵庫でよく冷やしておいたパルミジャーノ・レッジャーノを加えて混ぜ、さらに残りのバターを加えてかき混ぜて仕上げる。米に火を通す目安は、最初のブイヨンを注ぎ入れた後、日本米なら13分、カルナローリ米なら16分程度。

5　器に盛りつけて、Ⓑを混ぜ合わせたソースをかけ、こんがりグリルしたブロッコリー、バラの花びらを添える。好みでパルミジャーノ・レッジャーノ、こしょうをかける。

━━━ Nana's tip ━━━

リゾットは 2 まで作り置きが可能。バットに移し、粗熱が取れたら60gずつに分けて冷蔵ないし冷凍しておく。仕上げる際は、米に対してひたひたの量のブイヨンを広口の鍋で沸騰させ、冷たいままの米を入れて 3 、4 の要領で火を入れる。用意するブイヨンは米の3倍量 が目安。バットに移してからも余熱で少々火が通るので加熱時間は7〜8分が仕上がりの目安となる。

牛肉のタリアータ

かたまり肉のまま仕上がりをプレゼンテーションした後は、
ルビー色のガラス皿をキャンバスにロゼ色の牛肉と
季節の野菜で絵を描いたように盛りつけしてお出しします。

材料（4人分）

牛ロースかたまり肉 …… 300g
塩 …… 小さじ1/2
粒黒こしょう（粗くつぶす）…… 適量
赤ワイン …… 大さじ2
バルサミコ酢（ソース用）…… 適量
Ⓐ
　赤ワインビネガー …… 小さじ2
　塩 …… 小さじ1/3
　こしょう …… 少々
　オリーブオイル …… 100㎖
　赤玉ねぎ（みじん切り）…… 50g
れんこん、好みのきのこ
　（食べやすい大きさに切り、
　ともにグリルしておく）、
　パルミジャーノ・レッジャーノ、
　セミドライトマト、ルーコラ、
　イタリアンパセリ、
　バルサミコ酢、岩塩 …… 各適量

作り方

1 牛肉に塩、粒黒こしょうをすり込み、20分おく。

2 フライパンに牛脂（材料外）を入れて火にかけ、1の肉を入れて表面を焼く。全体に焼き色がついたら取り出し、赤ワインを入れ、アルコールがとんだら火を止める。

3 2の肉と肉汁を二重にした厚手のビニール袋に入れる。60度の湯に沈めて70分、温度をキープして肉を加熱する。

4 湯から取り出し、肉を少しやすませてから好みの厚さにスライスし、器に盛りつける。

5 4のビニール袋の肉汁を小鍋に移し、同量のバルサミコ酢とともに火にかける。とろみがつくまで煮つめてソースを作り、肉に添える。

6 Ⓐを混ぜ合わせたドレッシングであえたれんこんときのこ、削ったパルミジャーノ・レッジャーノ、セミドライトマト、ルーコラ、イタリアンパセリ、バルサミコ酢を4の器にあしらう。全体に岩塩をふる。

マスカルポーネといちじく　赤ワインのジュレ

赤ワインのジュレを敷いたガラスの器に
小さな花が咲いているように見立てたデザート。
中央にマスカルポーネチーズを絞ったいちじくの花の中には、
おやゆび姫が隠れているかも。

材料（4人分）

アガー …… 17g
上白糖 …… 130g
赤ワイン …… 200㎖
水 …… 300㎖
いちじく …… 4個
マスカルポーネチーズ …… 50g
はちみつ …… 大さじ1
ピスタチオ（砕く）…… 適量

作り方

1 ボウルにアガーと上白糖を入れてよく混ぜておく。

2 鍋に赤ワイン、水を入れて火にかけ、沸騰したら1のボウルに注ぎ入れて混ぜ合わせる。粗熱が取れたら冷蔵庫で冷やし固める。その際、いちじくを盛りつける器に流して、固めてもよい。

3 いちじくの上方から十字に切り込みを入れ、四方に開く。マスカルポーネチーズとはちみつを混ぜ合わせて絞り袋に入れ、いちじくの中心に絞り入れる。

4 2の赤ワインゼリーを敷いた器にを盛りつけ、ピスタチオを飾る。

コースで楽しむパスタランチ

　パスタの形状、合わせる食材やソース、そして盛りつけ。パスタ料理のバリエーションは無限なるものに感じます。イタリア料理でいうならば、パスタはプリモピアット。前菜とセコンドピアットの間でいただくものですが、「もっとパスタを食べたい！」との声が多い日は、おいしいパスタを少しずつ前菜、プリモ、セコンドに仕立ててコースのようにお出しします。

　ご紹介するのは春のパスタランチの一例です。パスタが続いてもビジュアルは単調にならないようにはまぐりの殻やキャセロールなど、盛り込む器の種類はバリエーション豊かに。でも色味は統一してスマート感を演出します。

　ロングパスタはくるんと巻いて高さを出すのが美しい盛りつけの定番ですが、ここに生き生きとした表情をつけるのがマイクロハーブです。ただ散らすのではなく頂上にちょこんとのせて愛らしく。ハーブゆえに香りのアクセントとしても活躍します。

明るい色のパスタに合わせて白やクリーム色、淡いピンクなどやさしい色でコーディネートをしました。リストランテではなく〝おうちトラットリア〟なので、器もカジュアルに。「ル・クルーゼ」のぽってりとした風合いが可愛いストーンウェアや、そのままテーブルにサーブできるキャセロールを取り入れました。ナプキンはショートパスタのファルファッレつながりで蝶の形に。ナプキンリングも蝶です。「カルボナーラ」という名のガーベラを見つけたので、ブーケにしてゲストにプレゼント。

ナプキンの折り方は P.136 参照

Antipasto

はまぐりの冷製カペッリーニ

大きなはまぐりを見つけると、
食べるだけでなく、何を盛ろうか
わくわくします。一口サイズの
カペッリーニは前菜にぴったり。
添えたオイスターリーフは
本当にかきの香りがします。

材料（4人分）

にんにく（スライス）…… 1/2かけ分

赤唐辛子（種を除く）…… 1本

はまぐり …… 300g

白ワイン …… 30㎖

水 …… 50㎖

トマトソース（右下参照）…… 適量

オリーブオイル …… 80㎖

カペッリーニ …… 50g

オイスターリーフ（P.50参照）…… 4枚

こしょう、アマランサス …… 各適量

作り方

1 フライパンにオリーブオイル適量（分量外）、に
 んにく、赤唐辛子を入れて火にかけ、香りが出
 るまで炒める。砂抜きしたはまぐり、白ワイン、
 水を入れて、ふたをする。はまぐりの殻が開い
 たら火からおろし、ざるで蒸し汁をこす。はま
 ぐりは殻から身をはずしておく。殻は盛りつけ
 に使うので取っておく。

2 ボウルに 1 の蒸し汁、オリーブオイルを入れ
 て、氷水に当てながらホイッパーで混ぜ、白く
 なるまで乳化させる。ソースは多めにできる。

3 鍋に湯を沸かし、湯の0.5〜1%の量の塩（材
 料外）を入れる。カペッリーニを表示のゆで時
 間より1分ほど長めにゆでてから火からおろし、
 ざるに上げる。冷水に放して締め、ざるに上げ
 て水気を切る。

4 ボウルにカペッリーニと 2 のソース50㎖を入
 れてあえ、こしょうで味をととのえる。

5 はまぐりの殻に トマトソース を敷き、4 を盛り
 つける。オイスターリーフとはまぐりの身、ア
 マランサスを添える。

トマトソース

材料（作りやすい量）

A ⎡ プチトマト（湯むきしておく）…… 100g
  ｜ 白バルサミコ酢 …… 大さじ1
  ｜ オリーブオイル …… 50㎖
  ｜ 塩 …… 小さじ1/4
  ⎣ こしょう …… 少々

作り方

A をミキサーにかける。

Primo Piatto

オレンジ香るカルボナーラ

濃厚なカルボナーラソースにオレンジをギュッと絞った
爽やかなプリモピアット。パスタとソースをあえてから、
ゆで汁で濃度を調節すると、なめらかに仕上がります。

作り方

1 フライパンにオリーブオイルをひき、
ベーコンを入れて火にかける。ベー
コンがカリカリになったら玉ねぎを
入れ、透き通る程度に炒めたら、オ
レンジの絞り汁を加えて火を止める。

2 鍋に湯を沸かし、湯の0.5〜1%の
量の塩（材料外）を入れてフェット
チーネをゆでる。表示のゆで時間
より1分ほど早く火からおろし、ざ
るに上げる。ゆで汁は取っておく。

3 ボウルに卵黄、生クリーム、パルミ
ジャーノ・レッジャーノ30gを合
わせておき、粗熱の取れた 1 に加
え、軽く混ぜ合わせる。

4 2 のフェットチーネを 3 に加え、
ひと混ぜしたら火をつけ、ゆで汁を
30㎖程度加えて全体になじませ
る。ゆるくとろみがついたら火を止
めて、器に盛りつける。濃度はパ
スタのゆで汁でその都度調整する
とよい。

5 パルミジャー
ノ・レッジャー
ノ、こしょうを
ふり、オレンジ
とロックチャイ
ブを添える。

材料（4人分）

ベーコン（短冊切り）…… 100g
玉ねぎ（薄いスライス）…… 100g
オレンジの絞り汁 …… 大さじ1
フェットチーネ …… 160g
卵黄 …… 2個分
生クリーム …… 120㎖

パルミジャーノ・レッジャーノ
（すりおろす）…… 30g
オリーブオイル、
パルミジャーノ・レッジャーノ
（すりおろす）、こしょう、オレン
ジ（スライス）、ロックチャイブ
…… 各適量

Secondo Piatto
野菜&チキンのグリルと
ファルファッレ

ボリューム感あるグリルと
ファルファッレの組み合わせ。
キャセロールごと食卓に出し、
取り分けながらいただきます。
お好みで辛いパン粉をかけて召し上がれ。

材料（4人分）

鶏もも肉 …… 1枚
塩、こしょう …… 各適量
グリーンアスパラガス …… 2本
パプリカ（赤、黄、橙）…… 各1/4個
ズッキーニ …… 1/4本
さやいんげん（筋を取る）…… 4本
菜の花 …… 4本
辛いパン粉（右下参照）…… 適量
ファルファッレ …… 200g
にんにく（みじん切り）…… 1/2かけ
アンチョビー（フィレ）…… 2枚
赤唐辛子（種を除いて小口切りにする）…… 少々
オリーブオイル、ローズマリー …… 各適量

作り方

1 鶏もも肉は脂や筋を除き、軽くたたいてから塩、こしょうをする。オリーブオイルをひいて温めたグリルパンで皮目を下にして焼く。7〜8分したら裏返し、さらに5分程度、両面から火を通す。

2 野菜は食べやすい大きさに切っておく。アスパラガス、パプリカ、ズッキーニはオリーブオイルをひいたグリルパンでさっとグリルし、塩、こしょうをする。

3 鍋に湯を沸かし、湯の0.5〜1％の量の塩を入れてファルファッレをゆでる。表示のゆで時間の1分前にさやいんげんと菜の花を入れてゆで、ざるに上げる。

4 フライパンにオリーブオイル、にんにく、アンチョビー、赤唐辛子を入れて火にかけ、アンチョビーを崩しながらゆっくり香りを出す。食べやすくカットした1の鶏肉と3を加えてひと混ぜし、2の野菜を入れてあえる。塩、こしょうで味をととのえる。

5 器に4を盛り、ローズマリーを飾る。辛いパン粉を好みでかけていただく。

辛いパン粉

材料（作りやすい量）

A┌ オリーブオイル …… 大さじ1
 │ アンチョビー（フィレ）…… 1枚
 │ パン粉 …… 1/2カップ
 └ パセリ（刻む）…… 適量
カイエンペッパー …… 少々（好みで調整）

作り方

A をフライパンで炒め、きつね色になったらカイエンペッパーを加え、バットに広げて冷ます。

choux basket

シュー・バスケット

Chapter 3

Sweet Treats

おやつの時間

楽しいデコレーションとともに

センスのよいレストランやパティスリーでの素敵な一皿、
世界観のある海外の料理やインテリアの本は私にとって
インスピレーションの宝庫です。
出会ったときのときめきを思い出しながら、
自分なりに再現することが大好き。
特にお菓子においては、わくわくする気持ちも一緒に届けたくて、
デコレーションにも気合いが入ります。
お菓子作りは計量が命。
お好み次第の料理とは違って、
まずはレシピをきっちり守ることをお忘れなく。
上手に作る近道です。

甘いシューと塩味のシュー

　誰もが心和む定番スイーツ・シュークリーム。チーズの風味でワインが進むグジェール。あられ糖をまぶしたひと口サイズのおやつ・シュケット……。いずれも卵、牛乳、バター、薄力粉など、キッチンに常備する材料で作れるシュー生地からできるおやつです。

　もてなす相手のお好みやその日のほかのメニュー次第で甘く仕上げるか、塩味で仕上げるかアレンジは自在ですが、私にとってシュー菓子を作る一番の面白さは生地を絞る口金一つで見た目もがらりと変えられるところです。紙に作りたいシューの形を描いておき、その上にオーブンシートを重ねて生地を絞ると失敗しません。形状の違いで焼き上がったときの香ばしさも異なるので、味にリズムが生まれるのもいいですね。ただし、細く、小さく絞ったものは、焼き上がる時間が早いのでご注意を。

スイーツや軽食をいただけるような、パリのサロン・ド・テをイメージしてコーディネートしました。アンティーク調の真っ白なレースのテーブルクロスに、パステルカラーのプレートやカップ＆ソーサ、そして銀器と、とことんフェミニンでエレガントなアイテムを選びました。木箱や銀器のシュガーボウルの花（P.52）は、フローラルフォームにいけ、ガラスボウルなどの器に入れてから収めています。スワン・シューにちなんで、ナプキンもスワン形に。

ナプキンの折り方はP.137参照

choux swans

スワン・シュー

基本のシュー生地

材料（生地450g分）

バター …… 60g
グラニュー糖 …… 小さじ1/2
塩 …… 小さじ1/2
牛乳 …… 100㎖
水 …… 100㎖
薄力粉（ふるう） …… 100g
溶き卵 …… 120g

作り方

1 鍋にバター、グラニュー糖、塩、牛乳、水を入れて火にかける。沸騰したら火を止め、薄力粉をだまにならないようにホイッパーで混ぜながら加える。完全に混ざったら再び火にかけて、木べらで混ぜながら水分をとばす。生地がまとまり、鍋底に薄く膜が張るくらいが目安。

2 1 をボウルに移し、ハンドミキサーで攪拌しながら卵を少しずつ加え混ぜる。

シューの焼き方

230度に予熱したオーブンに入れ、160度で30分、その後140度に温度を下げて10～20分焼く。「シュー・バスケット」の取っ手やふた、「スワン・シュー」の首など細く薄い部分は160度で20分、焼きすぎないよう様子を見ながら行う。

シュー・バスケット

バスケットに見立てたシューに真っ赤なベリーや
ミモザのようなゆで卵を飾りました。
取っ手やふたもシュー生地でできています。

材料（2種類のバスケット各1組分）

基本のシュー生地 …… 65g（うち10gは取っ手とふた用）
卵黄 …… 適量
ゆで卵（刻む） …… 大さじ1
マヨネーズ、パセリ（刻む）、ゆで卵の黄身 …… 各適量
クレームパティシエール（P.57参照） …… 大さじ1
ホイップクリーム …… 適量
（生クリーム100gに対しグラニュー糖大さじ1の割合）
好みのベリー類、アップルミント …… 各適量

作り方

1 天板にオーブンシートを敷き、シュー生地を絞り袋に入れる。

【バスケットA（写真上左）】
シュー生地25gを直径1.3㎝の丸口金で、直径4.7㎝の円形に絞り出す。卵黄適量を塗る。

【取っ手、ふた】
シュー生地を直径5㎜の丸口金で、数珠玉をつないでいくように絞る。

【バスケットB（写真上右）】
シュー生地15gを直径1.3㎝の丸口金で、直径4㎝の円形に絞り出す。同じものをすぐ隣にくっつくように絞り出す。卵黄適量を塗る。

2 1 を**シューの焼き方**の要領で焼く。

3 シューの頭頂部をカットし、**A**にはマヨネーズであえた刻みゆで卵大さじ1を詰める。その上にゆで卵の黄身をほぐしたものとパセリ各少量を飾り、取っ手、ふたを添える。**B**には**クレームパティシエール**を詰める。その上にホイップクリームを絞り、好みのベリー類、アップルミントを飾る。

スワン・シュー

フランボワーズの赤いソースをあしらった
アングレーズソースの湖に、スワンが優雅に
泳ぐように盛りつけてみました。エレガントな
サロン・ド・テでいただくデザートをイメージして。

材料（スワン1羽分）

基本のシュー生地 …… **15g**
クレームパティシエール（右記参照）、
　ホイップクリーム（P.56「シュー・バスケット」参照）、**いちご**
　…… **各適量**
卵黄 …… 1個分
グラニュー糖 …… **20g**
牛乳 …… 100㎖
フランボワーズジャム、水 …… 各適量

作り方

1　シュー生地を絞り袋に入れ、直径1.3㎝の丸口金で直
　径4㎝程度のしずく形に絞り出す。首の部分は直径5
　㎜の丸口金で、長さ6㎝程度の緩やかなS字を描くよ
　うに絞る。下から上に力を抜くように絞るとよい。

2　**シューの焼き方**の要領で焼く。

3　しずく形のシューを横半分に切り、下部分に**クレーム
　パティシエール**を詰め、ホイップクリームを絞る。上
　部分のシューは縦半分に切り、羽に見えるようにのせ
　る。首の部分のシューといちごを飾る。

4　アングレーズソースを作る（分量は作りやすい量）。小
　鍋に卵黄とグラニュー糖を入れてすり混ぜ、牛乳を加
　えたら火にかける。よく混ぜてとろっとしてきたら火を
　止める。

5　器に 4 を適量広げ、フランボワーズジャムを少量の水
　でのばした赤いソースをあしらう。その上に 3 を盛り
　つける。

クレームパティシエール

材料（作りやすい量）

牛乳 …… 200㎖
グラニュー糖A …… 15g
卵黄 …… 60g
グラニュー糖B …… 15g
薄力粉 …… 25g
バター …… 10g

作り方

1　牛乳とグラニュー糖Aを鍋に入れ、
　火にかけて温める。

2　ボウルに卵黄とグラニュー糖B、薄
　力粉を入れてすり混ぜ、1 を少しず
　つ加え混ぜる。

3　2 を鍋に移して中火にかけ、へらで
　よく混ぜる。固さのあるクリームが
　ゆるくなった瞬間に火を止め、バ
　ターを混ぜ合わせる。

— Nana's tip —

紙に作りたいシューの形を描き、その上にオー
ブンシートを重ねて生地を絞ると、形も作りや
すく均一に仕上がる。

アイスクリーム・パーラー

　リッチでおいしいアイスクリームは沢山あれど、ときどき食べたくなるのが素朴な味。素直なミルクの味にふわっと漂うバニラの香り、さらりとした口どけは、手作りならではだと思います。家庭用のアイスクリーマーはあれば便利ですが、お持ちでなくても手軽に作れるレシピをご紹介します。ふんわり泡立てた卵とクリームを合わせるだけのシンプル仕立て。夏休みに子どもたちが集まるパーティでも喜ばれるでしょう。

　おなじみのデザートだからこそ、デコレーションには遊び心をきかせて。特別な道具や器に頼らなくても充分に楽しいデコレーションができます。たとえば倉庫に眠っていた網かごを逆さに伏せてスタンドにしたり、ごく普通のシャンパンフルートにチョコレートをあしらったり……。気分はさながらアイスクリーム・パーラーです。

子どもっぽくなりすぎず、程よくモダンさもプラスしたいときのコーディネートによく取り入れているのが、フランスの「アスティエ・ド・ヴィラット」の白い陶器です。置くだけでシックな雰囲気を醸すところがもともと好きで集めていましたが、ここ数年はモダンなアイテムが増え、再び注目しています。アイスクリームが主役なので、ナプキンは気兼ねなく使える紙ナプキンをチョイス。ライトグリーンのナプキンを木の葉のように折りました。

ナプキンの折り方は P.137 参照

vanilla ice cream

バニラアイスクリーム

wine gelle parfait

ワインジュレのパフェ

blueberry milkshake

ブルーベリーシェイク

基本のバニラアイスクリーム

材料 (作りやすい量)

卵黄 …… 4個分
グラニュー糖 …… 70g
水 …… 60㎖
バニラビーンズ …… 少々
生クリーム …… 200㎖

作り方

1 卵黄とグラニュー糖、水、バニラビーンズをボウルに入れ、湯せんにかけながらハンドミキサーで泡立てる。全体がとろっとしてきたら氷水に当てて冷ます。

2 生クリームを七分立てにする。

3 1と2を合わせてバットに移し、冷凍庫で半日ないし1日冷やし固める。

※砂糖を控えめにしているので、好みで甘さを調整してよい。

バニラアイスクリーム

市販のコーンの縁にチョコレートやナッツ、フリーズドライのフルーツをトッピング。
コーン好きが喜ぶ顔をイメージして作りました。

材料

基本のバニラアイスクリーム、
　市販のアイスクリームコーン、
　ホワイトチョコレート、
　砕いたピスタチオ、アーモンド、
　ドライラズベリー …… 各適量

作り方

1 アイスクリームコーンの縁に湯せんで溶かしたホワイトチョコレートを塗り、ナッツ類やドライラズベリーをトッピングする。

2 トッピングが固まったら、バニラアイスクリームをすくってのせる。

ワインジュレのパフェ

赤と白二層のワインジュレがシックなパフェは
大人が集う日のデザートに。アガーを使って作るジュレは、
透明度が高いので素材の色をいかしたいときにおすすめです。

材料（4人分）

アガー …… 15g
上白糖 …… 100g
ワイン（赤・白） …… 各100㎖
水 …… 200㎖
基本のバニラアイスクリーム …… 適量
プレーンヨーグルト …… 400g
はちみつ …… 20g
コーンフレーク …… 大さじ4
いちじくのジャム …… 大さじ2
いちじく …… 1個
ぶどう …… 8粒
飴細工 …… 適量

作り方

1 アガー7.5gと上白糖50gをよく混ぜておく。

2 鍋に赤ワイン、水100㎖を入れて火にかけ、沸騰した
　らボウルに移し、1と混ぜ合わせる。粗熱が取れたら
　冷蔵庫で冷やし固める。白ワインも残りの材料ととも
　に同じ要領でジュレを作る。

3 キッチンペーパーを敷いたざるにヨーグルトを入れて
　一晩おき、水切りヨーグルトを作る。はちみつを加え
　混ぜる。

4 グラスに2の赤ワインジュレ、コーンフレーク、いちじく
　のジャム、3のヨーグルト、2の白ワインジュレの順に盛
　り、バニラアイスクリームをのせる。4等分したいちじく
　とぶどう、飴細工を飾る。

※飴細工はパラチニット（飴細工用の砂糖。製菓材料店で購入可）を
オーブンペーパーに広げ、190度のオーブンで5～6分溶かしたもの。

ブルーベリーシェイク

フルーツは旬のおいしいもの、色味が美しいものであれば何でも。
トッピングのフルーツにも底面に薄くチョコレートを塗ると
グラスに固定されて見栄えがよくなります。

材料（1人分）

基本のバニラアイスクリーム …… 150g
ブルーベリー …… 50g
牛乳 …… 100㎖（牛乳70㎖、ヨーグルト30gにしてもよい）
チョコレート、チェリー、飴細工 …… 各適量

作り方

1 バニラアイスクリーム、ブルーベリー、牛乳をミキサー
　にかけ、なめらかになるまで撹拌する。

2 チョコレートでデコレーションしたグラス（右記参照）に1
　を注ぎ、チェリーと飴細工を飾る。

=== Nana's tip ===

溶かしたチョコレート（製菓材料店で購入できる
上がけ用チョコレートを使用）をグラスの縁から
塗り、グラスを置いて数回トントンとノックすると
チョコレートがたれたデコレーションに。

クリスマスのサブレ

　師走の足音が聞こえてくると、クリスマスの集いや一年の感謝の気持ちを伝える贈り物のためにサブレを焼きます。小さなヘクセンハウスや、穴をあけて焼いたサブレにリボンを通したオーナメント風……。アイディアもむくむくとわいてきます。いくつになってもクリスマスのモチーフにはわくわくしますね。

　今回のサブレは、型取りしやすいよう水分量を試行錯誤しました。スパイシーな香りは、カルダモンやシナモンなどがブレンドされた〝ロイヤルマサラ〟を使用。多種類のスパイスを買い揃えることなく、思い立ったときに作れることも、私はレシピを考える際に大切にしています。

　ある時期、パティスリーの厨房を任されていたことがありました。お菓子作りをしていると、あの頃の忙しくも充実した日々を思い出します。

クリスマスシーズンの小さなティータイムは切り株のプレートやツリー形のナプキンで、ナチュラルかつ賑やかに、この季節の気分を盛り上げます。アドベントカレンダーサブレの生地に穴をあけながら思いついたのがボタン形のサブレ。中央に箸頭などで2つの穴をあけて焼いてみました。リボンや紐を通してナプキンを結んだり、カトラリーのリングにしたり、〝おいしい〟テーブルセッティングのアイテムとして思わぬかたちで活躍しました。

ナプキンの折り方は P.138 参照

mini hexenhaus

ミニヘクセンハウス

russian sabre

ロシア風サブレ

advent calender sab-re

アドベントカレンダーサブレ

基本のクリスマス
サブレ生地

材料（作りやすい量）

バター（室温にもどす）…… 100g
三温糖 …… 100g
溶き卵 …… 50g

A ┌ **薄力粉** …… 200g（ココア味の生地は、薄力粉180g、ココア20gの割合で）
├ **ロイヤルマサラ** …… 小さじ1/2
└ **アーモンドパウダー** …… 50g

作り方

1 バターをボウルに入れ、三温糖と卵を少しずつ加えながらハンドミキサー等で混ぜてクリーム状にする。

2 ふるいにかけた**A**を1に加え、へらで混ぜ合わせる。

3 薄力粉（分量外）で打ち粉をした台に2を移し、麺棒で厚さ3mmにのばす。ラップに包んで冷凍庫に入れ、30分冷やす。

アイシング

材料（作りやすい量）

粉砂糖 …… 400g
卵白 …… 1個分
水 …… 大さじ1

作り方

1 ボウルに材料を入れ、へらでなじませる。

2 ハンドミキサー等でふんわり真っ白になるまで撹拌する。固い場合は数滴水（分量外）をたして調整する。

※アイシングは乾燥しないようふたつきの容器に入れる。冷蔵庫で3～4日保存可。
※細かい模様やラインを書くときはツノがおじぎする程度の固さ。接着用アイシングは持ち上げたときにしっかりツノが立ち、倒れない固さが目安。

ミニヘクセンハウス

グリム童話『ヘンゼルとグレーテル』のお菓子の家を思い浮かべてヘクセンハウスを
作りました。厚紙でかたどったサブレを焼き、
アイシングを接着剤にして組み立てます。

材料（高さ4cmの家1個分）

基本のクリスマスサブレ生地 …… 50g
アイシング（左下参照）、**ココナッツファイン** …… **各適量**
スプリンクルシュガー（トッピングシュガー）…… **1個**

作り方

1 下のイラスト**あ**にならって厚紙で型を起こし、クリスマスサブレ生地を2枚ずつ抜く。

2 170度のオーブンで13～15分焼く。

3 2の粗熱が取れたらイラスト**い**にならって、側面に**アイシング**を塗り、サブレ同士を貼りつける。

4 3の屋根に**アイシング**を塗り、ココナッツファインをふりかける。壁にも**アイシング**でデコレーションをする。スプリンクルシュガーは、**アイシング**を塗った上にトッピングする。

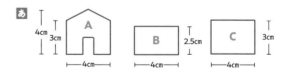

あ
4cm 3cm A 4cm
B 2.5cm 4cm
C 3cm 4cm

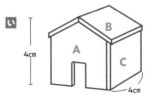

い
4cm A B C 4cm

☞ ココア入りのヘクセンハウスも上記と同様の作り方で。アイシングにもココア少量を混ぜる。

☞ もみの木形やジンジャーマン形も型を抜いて同様に作る。

☞ オーブンペーパーをコルネ状に巻いて作った絞り器は、アイシングを絞るのに便利。先端をセロハンテープで補強してからはさみで口を開けると絞りやすくなる。

ロシア風サブレ

天使やトナカイ、翌年の干支……。サブレの抜き型は
クスッと笑えるような茶目っ気のある形を選びました。ジャムはスパイスの効いたサブレと
相性のよいラズベリージャムをはさみましたが、ほかのお好みのものでも。

材料（10個分）
基本のクリスマスサブレ生地 …… **300g**
ラズベリージャム、粉砂糖 …… **各適量**

作り方

1 クリスマスサブレ生地を厚さ2mmにのばし、菊
形や雪の結晶形に抜く。同形を2枚1組にし、1
枚は好みのモチーフの型で中心部を抜く。

2 それぞれ170度のオーブンで13〜15分焼く。
粗熱が取れたら型抜きなしのサブレにジャム
を塗る。型抜きありのサブレに粉砂糖をふっ
て重ねる。

アドベントカレンダーサブレ

サブレ生地を星形に抜き、紐を通すための穴をあけて焼き上げました。
流木に飾り、クリスマスツリーに見立てて。
パーティのゲストには好きな数字のサブレをプレゼントします。

材料（24個分）
基本のクリスマスサブレ生地 …… **360g**
アイシング（P.68参照）…… **適量**

作り方

1 クリスマスサブレ生地を厚さ3mmにのばして星
形に抜き、紐を通すための穴を竹串であける。

2 170度のオーブンで13〜15分焼き、粗熱が取
れたら**アイシング**で数字を書く。穴に麻紐（材
料外）を通す。

chinese roasted chicken
two types of deep fried crab claw

チャイニーズ・ローストチキン
かに爪の2色フライ

Chapter
4

A Small Party

季節を楽しむ小さなパーティ

〜いつもと違う趣向をこらして〜

「あのときのあの料理、よかったなぁ」
と言っていただけるのが何よりの喜びです。
行事や季節にちなんでの集いは、
その年の気分で少しずつ趣向を変えて記憶に残る
おもてなしができるよう心がけています。
高価で手に入りにくい食材ばかりを使うことが
最高のおもてなしとは思いません。
普通にスーパーマーケットやインターネット等で買えるもの、
キッチンに常備しているものにひと工夫して〝魅せる〟。
私が大切にしていることの一つです。

WINTER

甘辛味のローストチキン

　幅広い世代が集う年末年始のホリデーシーズンは、あまり凝りすぎず、皆が親しみやすい味つけを心がけています。クリスマスのローストチキンは毎年焼きますが、なかでも好評だったのが中国風。砂糖と醬油、甜麺醬、ほんのり五香粉を合わせたたれで、普段なら鶏もも肉の照り焼きやチャーシューを作りますが、あるクリスマスシーズンにこのたれで丸鶏を焼き上げたらこれが大ヒット！ 特に子どもたちや男性は甘じょっぱい味が大好きですね。同じく人気だったのは親しみやすい味の最強コンビ、海老とマヨネーズのペーストでかに爪を包んだフライ。そしてチャーシュー入りの蒸しご飯です。

　ボリュームたっぷりの料理なので、せめて盛りつけはエレガントに。モノトーンのヘレンドの器に雪輪形や星形に型抜きしたピクルスや赤いリボンでクリスマスらしいデコレーションにしました。

Table setting ideas

ハンガリーのヘレンド窯でオーダーしたプラチナカラーの「ヴィクトリア」は、何を盛りつけてもスタイリッシュに決まる貴重な存在です。通称 "おったん" の「マンダリン」も取り入れて、今日の料理に相応しくシノワズリー気分を満喫。P.70のガラスプレートとベル形のガラスドームは「グラススタジオ」のもの。ガラスドームやテーブルナプキンにはさりげなくクリスマスのオーナメントを添えます。

ナプキンの折り方は P.138 参照

チャイニーズ・ローストチキン

リボンを紅白の水引に、ピクルスの抜き型を吉祥文様に変えれば、お正月のおもてなしにも。
鶏は小ぶりで扱いやすく、食感も柔らかいゲームヘン種がおすすめです。

材料（4人分）

丸鶏 …… 1羽
長ねぎ（鶏の腹部に入る長さに切る）、
　しょうが（乱切り）…… **各適量**

A
├ 砂糖 …… 100g
├ 醤油 …… 100㎖
├ 甜麺醤 …… 25g
└ 五香粉、豆板醤 …… **各少々**

きゅうり …… **適量**
チャイニーズ・ピクルス（下記参照）
　…… **適量**

作り方

1 丸鶏の腹部に長ねぎとしょうがを詰める。

2 Aをすべて混ぜ合わせ、密封できるビニール袋に1の鶏とともに入れ、冷蔵庫で一晩漬け込む。

3 2を冷蔵庫から取り出して鶏を常温にもどし、水分を軽く拭き取る。脚をたこ糸で結び、200度に温めたオーブンで30〜40分焼く。

4 鶏を食べやすく切り分けて器に盛りつけ、末広になるように切ったきゅうり、**チャイニーズ・ピクルス**の大根を雪輪形、パプリカを星形にそれぞれ型で抜いて添える。ピクルスは好みのものを添えてよい。

チャイニーズ・ピクルス

作り方

B
├ 酢 …… 150㎖
├ 砂糖 …… 75g
├ 塩 …… 小さじ1/2
└ ごま油 …… 大さじ1/2

長ねぎ（白い部分）…… 5cm
パプリカ、大根、にんじん、
　かぶ、ラディッシュなど
　好みの野菜 …… **各適量**

作り方

Bを小鍋に入れて火にかけ、砂糖と塩を溶かす。冷めたら容器に移し、食べやすい大きさに切った野菜と長ねぎとともに2〜3時間漬ける。

かに爪の2色フライ

プレーンなパン粉でももちろん美味ですが、
刻んだパセリを混ぜ込んだパン粉やカダイフをまとわせて揚げると、
見た目も華やかで、おもてなし向きのフライになります。

材料（4人分）

かに爪（冷凍）…… 8本

パン粉 …… 1/2カップ

パセリ（みじん切り）…… 大さじ2

にんにく（すりおろす）…… 少々

海老（むき身）…… 200g

マヨネーズ …… 30g

片栗粉、小麦粉 …… 各大さじ3

溶き卵 …… 1個

カダイフ …… 40g

米油、ピンクペッパー、スイートチリソース、
　マヨネーズ、花椒塩 …… 各適量

作り方

1 かに爪は自然解凍し、水分を拭き取る。
　パン粉とパセリ、にんにくをフードプロ
　セッサーにかけ、香草パン粉を作って
　おく。

2 海老とマヨネーズをフードプロセッサー
　にかける。8等分にし、それぞれラップ
　に広げ、片栗粉をまぶした 1 のかに爪
　を中央にのせる。ラップごと包み、卵形
　にととのえたらラップを外し、小麦粉、
　溶き卵をつけ、4個は 1 の香草パン粉、
　残り4個はカダイフをつける。

3 170度の米油で 2 を揚げる。浮き上
　がってくる程度が揚げ上がりの目安。

4 器に盛りつけ、好みでつぶしたピンク
　ペッパーをふり、スイートチリソースを
　混ぜたマヨネーズ、花椒塩を添える。

あつあつ蒸しご飯

ご飯の全量を蓮の葉に包んで蒸すレシピですが、
一膳ずつ葉に包んで経木紐や麻紐で結んで蒸してもOK。
葉に包んだまま冷凍保存もきくのでストックしておくと急な来客にも重宝します。

材料（4人分）

干し海老 …… 30g

干ししいたけ …… 4枚

ごま油 …… 大さじ1

チャーシュー (細かく刻む) …… 100g

れんこん (細かく刻む) …… 100g

しょうが (細かく刻む) …… 30g

Ⓐ ┌ 米油 …… 大さじ2
　　 塩 …… 小さじ1弱
　　 砂糖 …… 大さじ1強
　　 醤油 …… 大さじ2
　　└ 五香粉 …… 少々

ご飯 …… 3合分

蓮の葉 …… 1枚

栗の甘露煮 (市販の瓶詰) …… 4個

チャイニーズ・ピクルス (P.73参照)
　　 …… 適量

作り方

1 干し海老、干ししいたけはぬるま湯でもどし、細かく刻む。

2 フライパンにごま油をひき、干しえびを軽く炒めて香りを出す。干ししいたけ、チャーシュー、れんこん、しょうがを加えて軽く炒めたら干し海老、干ししいたけのもどし汁少々とⒶを加え、汁気がとぶまで煮つめる。

3 ボウルに温かいご飯を入れて、2を加え、混ぜ合わせる。蓮の葉を2〜3分熱湯で煮沸し、よく拭いて葉裏に米油（分量外）を塗ったらご飯を包み、蒸し器で20〜30分蒸す。

4 栗の甘露煮と**チャイニーズ・ピクルス**を添えて供する。

WINTER

鍋パーティは
小鍋でエレガントに

　寒い季節、大きな土鍋を賑やかにつつくのももちろんいいですが、銘々での小鍋だと取り分け合う煩わしさがなく、ご自身のペースで楽しめるので、おもてなしのときによく取り入れています。二人家族のわが家では、スープやごはん、煮込み料理など、日常の食卓でも小鍋は頻繁に登場するアイテム。可愛いものを見つけるとつい欲しくなり、キッチンの収納棚は小鍋でいっぱいです。

　ご紹介する鍋パーティメニューは、ピリッと辛さを効かせた韓国風。メインのすき焼きはコチュジャンが効いたたれに牛肉だけでなくいかも入れて海鮮のうまみもプラス。柚子釜に盛りつけた前菜のまぐろとアボカドのあえ物、締めは節分の恵方巻きに似せたキムパプと、小さなコース仕立てにして、鍋料理以外もバランスよく召し上がっていただきます。

モノトーンでモダンな小鍋や漆の皿に、温かみとほんの少しラグジュアリー感を出したくて、柔らかな色と質感のゴールドのテーブルクロスを合わせました。テーブルクロスとナプキンは「ヌムヌアン」とコラボレーションで作ったものです。小鍋以外の料理は「山加荻村漆器店」の漆皿に盛りつけました。無機質な流木のオブジェにのせたガラスボウルにも柔らかな色の花をいけて。テイストの対比するものがバランスよく同居するよう心がけています。

ナプキンの折り方は P.139 参照

korian sukiyaki
spicy tuna and avocado
gimbap

韓国風すき焼き
まぐろとアボカドのピリ辛あえ
キムパブ（韓国風海苔巻き）

韓国風すき焼き

菊花と青ねぎ、牛肉、いか……色鮮やかな食材を放射線状に盛りつけ、
目でも楽しめる演出に。食欲をそそるたれの香りが立ってくると、
早く食べたい！ と食卓から大合唱が聞こえてきます。

材料（4人分）

ごま油 …… 適量
いか（やりいかなどお好みで。細切り）
　　…… 100g
牛薄切り肉 …… 100g
細ねぎ（長さ3cmに切る）…… 6本
玉ねぎ（スライス）…… 1/2個
好みのきのこ（しめじ、えのきなど
　　食べやすくほぐす）…… 各100g
食用菊の花びら …… 少々

Ⓐ
薄口醤油 …… 大さじ3
ごま油 …… 大さじ1と1/2
酒、コチュジャン …… 各大さじ1
長ねぎ（みじん切り）…… 大さじ1
みりん、砂糖、すりごま
　　…… 各大さじ1/2
にんにく（すりおろす）…… 小さじ1
しょうが（みじん切り）、こしょう
　　…… 各少々

作り方

1　小鍋にごま油をひき、いか、牛
薄切り肉、細ねぎ、玉ねぎ、好
みのきのこを並べる。菊の花
びらをさっとゆでてのせる。

2　Ⓐの材料をすべて混ぜて、合
わせ調味料を作る。1の鍋を
火にかけて合わせ調味料を少
しずつ加えながら、炒め煮のイ
メージで火を通していただく。

まぐろとアボカドのピリ辛あえ

バスケットに見立てた柚子釜に盛り込み、
ピリ辛だれであえたまぐろとアボカドを柚子のよい香りが引き立てます。
柚子釜を結ぶ水引は、今日は韓国風の色合わせで。

材料（4人分）

Ⓐ
醤油、みりん …… 各大さじ1/2
しょうが（すりおろす）…… 少々

Ⓑ
醤油、ごま油 …… 各大さじ1
コチュジャン …… 小さじ1
砂糖 …… 小さじ1
にんにく（すりおろす）
　　…… 小さじ1/2

まぐろ（刺し身用。ぶつ切り）
　　…… 1さく
アボカド（さいの目切り）…… 1個
きゅうり（さいの目切り）…… 1本
柚子釜（下記参照）…… 4個

作り方

1　Ⓐ、Ⓑそれぞれの材料を混ぜ
合わせてたれを作っておく。

2　まぐろはⒶに15分漬ける。

3　アボカド、きゅうりを、2のま
ぐろ、Ⓑのたれとともにあえる。
柚子釜に盛りつける。

柚子釜の作り方

作り方

1　柚子はへたの部分を切り
落とし、皮と果肉の間に
ナイフで切り込みを入れ
る。スプーンで果肉とわ
たをかき出す。

2　柚子の中央に
印をつけて両
側それぞれか
ら切り口と平
行に幅3mm程
度の切り込み
を入れる（写真）。同様にもう1回
3mm幅の切り込みを入れる。

3　切り込みを両
側から中央に
渡し、水引で
結んでかごの
取っ手のよう
にする。

キムパブ（韓国風海苔巻き）

おちょぼ口でも食べやすい、細巻きのキムパブです。
あさつきやたくあんは、尻尾のようにわざとはみ出すように巻いたり、
ごまは洋服のボタンのようにトッピングしたり。可愛らしさも忘れません。

材料（4本分）

- 白ご飯 …… 240g
- 十六穀ご飯 …… 240g
- 塩 …… 小さじ1/4
- ごま油 …… 小さじ1/2
- いりごま …… 適量
- 卵（溶きほぐす）…… 2個
- 砂糖 …… 大さじ1
- 塩 …… 少々
- ほうれん草 …… 1/4わ
- 塩 …… 1つまみ
- こしょう、ごま油 …… 各少々
- しいたけ（スライス）…… 5枚
- 砂糖、醤油 …… 各大さじ1/2
- にんじん（せん切り）…… 1/2本
- 塩、こしょう …… 各少々
- 牛こま切れ肉 …… 100g
- 砂糖、酒、醤油 …… 各大さじ1
- 焼き海苔 …… 4枚
- たくあん（8mm×20cm）…… 4本
- あさつき …… 4本
- ごま油、いりごま、**にんじんの甘酢づけ**（下記参照）
  …… 各適量

作り方

1. 白ご飯、十六穀ご飯を別々のバットに広げ入れ、小さじ1/8ずつ塩をふり、ごま油小さじ1/4ずつといりごまを加えて混ぜ合わせる。4本の巻きずしができるよう、それぞれを半分に分けておく。

2. 卵に砂糖、塩を加え、米油（材料外）をひいた卵焼き器で卵焼きを作る。8mm×20cmが4本になるように切り分ける。

3. ほうれん草はゆでてからよく水気を切り、塩、こしょう、ごま油をふり混ぜておく。

4. しいたけはごま油で炒め、砂糖、醤油で調味する。

5. にんじんはごま油で炒め、塩、こしょうで調味する。

6. 牛こま切れ肉はごま油で炒め、砂糖、酒、醤油で調味する。

7. 巻きすに海苔をのせ、奥3分の1に余白を残して 1 のご飯を手前から敷く。ご飯の中央に 2 ～ 6 の具材とたくあん、あさつきを1本ずつ彩りよくのせる。

8. 巻きすの手前から巻く。海苔の表面にごま油を薄く塗り、食べやすいサイズに切り分ける。いりごまをあしらい、鬼の顔形の**にんじんの甘酢づけ**を添える。

にんじんの甘酢づけ

作り方（作りやすい量）

- にんじん …… 1/4本
- 【甘酢】
- 酢、水 …… 各50ml
- 砂糖 …… 大さじ1
- 塩 …… 小さじ1/4

作り方

1. にんじんを厚さ8mmに切り、鬼形の型で抜く。竹串や彫刻刀で顔を彫る。3%の塩水（材料外）につけ、しんなりさせる。

2. 甘酢の材料を小鍋でひと煮立ちさせて冷ましておく。

3. 1のにんじんを2の甘酢に一晩漬ける。

※にんじんは鬼の場合は厚さ8mmにしたが、盛りつけによって好みの厚さにしてよい。

SPRING

いちごのシャンパンブランチ

　赤くて、甘くて、酸っぱくて。誰もが心ときめくフルーツ、いちご
のシーズンが到来です。いちごは見た目の可愛さはもちろんですが、
スイーツだけでなく料理の食材としても魅力的。春ならではの柔ら
かな香りと食感の旬食材にいちごの甘い香りと適度な酸味はとても
よく合い、いちごのサラダやパスタは料理教室でも人気のメニュー
です。旬の最盛期だからこその贅沢、今日は甘い味&塩味を織り交
ぜたいちご尽くしのブランチといきましょう。

　果実味たっぷりのロゼシャンパンがすすむ、いちごとゴルゴン
ゾーラのクリスピーなパイ。魚介類と春野菜を甘酸っぱいいちごの
ビネグレットでいただくサラダ。そしてふわふわのムースと手作り
のセミドライいちご入りの紅茶……。いちご尽くしでも、不思議と
飽きない。それもまたこのフルーツの魅力です。

Table setting ideas

いちごのフェミニンなイメージに合わせて、テーブルセッティングもとことん
ロマンチックに。ペールピンクのリネンのテーブルクロスを敷き、フリルつき
のナプキンはいちごがバラ科の植物なのでバラに見立てて折りました。P.81
のゴールドのガラスコンポートにいけた、ケーキのような〝フラワー・ガトー〟
はガーベラの花を山形のフローラルフォームに挿して作りました。いちご料理
の数々を盛りつけたのは「グラススタジオ」のガラス器です。

ナプキンの折り方は P.139 参照

strawberry mousse

いちごのムース

strawberry &
gorgonzola crispy pie

いちごとゴルゴンゾーラのクリスピーパイ

shrimp scallop
and spring vegetable salad
strawberry vinaigrette

海老と帆立と春野菜のサラダ
いちごのビネグレットソース

いちごとゴルゴンゾーラの
クリスピーパイ

モッツァレッラなどフレッシュなチーズではなく、
あえて塩気の強いゴルゴンゾーラを合わせて大人味に。
いちごジャムの甘みとチーズの塩味、フレッシュいちごの酸味が絶妙です。

材料 (4人分)

市販の冷凍パイシート …… 2枚

ゴルゴンゾーラチーズ (ゴルゴンゾーラチーズは
　あればシート状のものがおすすめ) …… 60g

いちごジャム …… 大さじ2

いちご (スライス) …… 8個

いちごの花 (あれば) …… 8輪

作り方

1　パイシートは食べやすいサイズに切り分けて、
重石をして190度のオーブンで20分焼く。

2　1 の粗熱が取れたら、ゴルゴンゾーラチーズ、
いちごジャムの順に塗り、いちごをのせる。い
ちごの花を添える。

海老と帆立と春野菜のサラダ
いちごのビネグレットソース

いちごを加えたビネグレットソースは鮮やかで華やか。
そこに海老や帆立が加わると、さらにご馳走感が高まります。
野菜の切り方はあえてバラバラにして、食感の違いを楽しみます。

材料 (4人分)

海老 …… 8尾

帆立貝柱 (刺し身用。一口大に切る) …… 4個

塩、こしょう、米油 …… 各少々

グリーンピース …… 4粒

スナップえんどう …… 2本

グリーンアスパラガス …… 4本

Ⓐ　いちご …… 100g
　　白ワインビネガー …… 小さじ1/2
　　米油 …… 大さじ2
　　塩 …… 小さじ1/4

いちご (一口大に切る) …… 4個

マイクロハーブ (アマランサスなど) …… 適量

作り方

1　海老はさっと塩ゆでし、殻をむいて尾を切り落
とす。こしょう、米油であえておく。帆立貝柱
も塩、こしょう、米油であえておく。

2　グリーンピース、スナップえんどう、アスパラガ
スはさっと塩ゆでする。グリーンピース以外は
食べやすい大きさに切る。縦や横など切り方を
変えるとそれぞれ違った食感が楽しめる。

3　Ⓐをミキサーにかけてなめらかにする。

4　皿に 3 を敷き、1 の魚介類と 2 の野菜、いち
ごを盛りつけ、マイクロハーブを飾る。

いちごのムース

ムースに添えるいちごの白バルサミコ酢煮と煮汁で作ったジュレは、味も見た目も良いアクセント。
P.81のようにグラスのふた代わりにサブレをのせても印象的なデザートに。

作り方

1 粉ゼラチンを白ワインでふやかし、湯せんで溶かす。

2 いちご、グラニュー糖、レモン汁、キルシュをミキサーにかける。なめらかになったらボウルに移し、1 を加えて混ぜ合わせる。

3 生クリームを七分立てにし、2 と混ぜ合わせる。器に流し入れ、冷蔵庫で半日冷やし固める。

4 いちごの白バルサミコ酢煮を作る。器の大きさに合わせて切ったいちご、白バルサミコ酢、グラニュー糖を鍋に入れて火にかけ、沸騰したら火を弱めて5分ほど煮る。火からおろして白ワインでふやかしておいたゼラチンを加え混ぜる。

5 4 が冷めたら、冷やし固めた 3 にのせる。P.81のように仕上げる場合は、ドライラズベリーパウダーと粉糖をまぶしたサブレ、いちごを添える。

材料（4人分）

粉ゼラチン …… 5g
白ワイン …… 50ml
いちご …… 300g
グラニュー糖 …… 75g
レモン汁 …… 大さじ1
キルシュ …… 大さじ1
生クリーム …… 200ml

【いちごの白バルサミコ酢煮】

いちご …… 135g
白バルサミコ酢 …… 大さじ2
グラニュー糖 …… 30g
粉ゼラチン …… 0.8g
白ワイン …… 少々

【81ページのように仕上げる場合】

市販のサブレ …… 4枚
ドライラズベリーパウダー、粉糖、いちご …… 各適量

セミドライいちご

作り方

風味が凝縮され、色鮮やかなセミドライいちごは、紅茶に入れたり、デザートのあしらいにしたりと幅広く楽しめる。
いちごを厚さ5mmにスライスしてオーブンシートを敷いた天板にのせ、100度のオーブンで90分加熱。オーブンによって火力の差があるので、様子を見ながら加熱を。

SUMMER
大人のバーベキュー

　気持ちの良い季節はテラスでゆったりバーベキューを楽しみます。炭火にこだわらずカセットコンロなどで手軽にアウトドア気分。おいしい牛肉のいろいろな部位を少しずつ味わうバーベキューなど、そのときどきで趣向はさまざまですが、ここでは食べ応えのあるお肉をじっくり焼き上げるスタイルをご紹介します。厚切りのお肉にローズマリーやセージなどのハーブ、お手製の香り塩を添えて。それぞれの香りが甘辛のバーベキューソースの風味を引き締めます。

　お肉が焼き上がるまでは、卓上でも使えるコンパクトなスモーカーでチーズやナッツ、オリーブを燻製にしてお酒のお供に。海老や帆立など魚介の燻製はサラダに。できたての燻製は味も香りも格別なので、ついつい食べ過ぎて、お肉が焼き上がる前にお腹がいっぱいにならないようご注意を。

パリッとアイロンをかけた清々しいライトブルーのリネンのテーブルクロスをかけたほかは、ナチュラル＆カジュアルなコーディネートです。P.87でお肉を盛りつけたブリキの大皿、燻製を盛りつけた木の大皿や切り株のプレートは生花市場やインターネットで偶然見つけたものです。特に切り株はナチュラルテイストをプラスしたいときに便利。ナプキンは麻紐でくるんと結び、ローズマリーを添えて。スモーキーな香りが漂うなか、ハーブの爽やかな香りは一服の清涼剤です。

ナプキンの折り方は P.139 参照

summer barbecue party
夏のバーベキューパーティ

骨つき豚ロースと野菜のグリル

骨つき肉は事前にお肉屋さんにお願いして切っておいていただきます。
前日に筋切りをしてソースに漬けておけば、当日は焼くだけ。
ソースのフルーツや酢の効果でお肉も柔らかくなっています。

材料（4人分）

豚ロース肉（厚さ約1.5cmの骨つき）…… **4切れ**
バーベキューソース …… **作り方・分量ともにP.89参照**
フレッシュハーブ（セージ、ローズマリーなど）、**手作りの香り塩**（P.89参照）…… **各適量**
プチトマト …… **20個**
ズッキーニ（緑、黄。輪切り）…… **各1/2本**
芽キャベツ …… **8個**
じゃがいも（蒸したもの。半切り）…… **小2個**
オリーブオイル、塩、こしょう …… **各適量**

作り方

1 豚ロース肉は筋の硬い部分を取り除き、軽くた
たいておく。**バーベキューソース**に漬けて冷蔵
庫に1日ほどおき、焼く前に常温にもどしておく。

2 グリラーを熱し、汁気を拭いた豚ロース肉を脂
身が下になるように立ててのせ、肉が貼りつか
ないよう、しっかり脂を出す。肉を平置きしての
せて片面3分ずつ中火で焼く。

3 肉をバットに取り出し、アルミホイルで包み6
分(焼いた時間分)やすませる。

4 熱したグリラーに肉を戻し、弱火で片面3分ず
つ焼く。

5 3と同様に肉をバットに取り出してアルミホイ
ルに包み、暖かい場所で6分(焼いた時間分)
やすませる。

6 肉を取り出した**バーベキューソース**は小鍋に移
して沸かす。5の豚肉にフレッシュハーブ、**手
作りの香り塩**とともに添えて供す。

7 野菜を串に刺して、オリーブオイルをひいて熱
したグリラーで焼き色がつくまで強火でさっと
焼き、塩、こしょうをふる。

バーベキューソース

作り方(豚ロース肉4切れに対する量)

玉ねぎ(すりおろす) …… 大さじ1
キウィフルーツ(ざく切り) …… 1/2個
にんにく …… 1かけ
醬油 …… 大さじ4
赤ワイン …… 大さじ2
砂糖、ケチャップ …… 各大さじ2
酢 …… 小さじ1

作り方

すべての材料をミキサーにかけて攪拌する。

手作りの香り塩

ハーブ塩(右)

バジル、ミント、ローズマリー、セージ各適量をクッキングペーパーにの
せて、電子レンジ(600ワット)に1分半~2分かけ、様子を見ながら乾
燥させる。フードプロセッサーにかけて細かくした後、塩75gとにんに
くパウダー大さじ1/4を混ぜ合わせる。

赤ワイン塩(中)

赤ワイン100mlをフライパンに入れてひと煮立ちさせ、塩50gを入れ
てへらで混ぜながら弱火に6~8分かけて水分をとばす。

カレー塩(左)

塩45g、カレー粉小さじ1、クミンパウダー小さじ1/4、にんにくパウダー、
しょうがパウダー各大さじ1/4を混ぜ合わせる。

オリーブとナッツ、チーズのスモーク

卓上スモーカーを手に入れてから、冷蔵庫や食材庫にあるものを気軽に燻製して楽しんでいます。
オリーブやナッツ、チーズはやっぱり美味。お土産として持ち帰れるよう、多めに作ります。

材料（4人分）

オリーブの塩漬け（グリーン、黒など好みで）
　…… 1/2 カップ

ミックスナッツ（無塩）…… 1/2 カップ

カマンベールチーズ …… 1個

スモークウッド（スティック状）…… 5cm分

作り方

1 スモークウッドに火をつけ、スモーカー
　の中で煙を出す。

2 汁気を拭いたオリーブの塩漬け、ミック
　スナッツ、カマンベールチーズをスモー
　カーに入れ、20分程度燻す。

3 取り出して器に盛りつける。

2色のサングリア（P.87 のパーティシーンより）

赤のサングリア

赤ワイン750mlにはちみつ
大さじ2を加え、シナモン1
本とりんご＆オレンジのスラ
イス各1個分を入れてよくな
じませる。

白のサングリア

白ワイン750mlにはちみつ
大さじ1を加え、コアントロー
大さじ1、りんご＆オレンジ、
レモンのスライス各1個分を
入れてよくなじませる。
赤白ともに好みでミントを添
えていただく。ソーダで割っ
ても美味。

Nana's tip

卓上スモーカーはアペルカの「テーブルトッ
プスモーカー」。
http://apeluca.jp/product_smoker.html

雑貨屋さんで購入したジャーポットがモチー
フのジッパーつき袋に、スモークしたオリー
ブやナッツを詰めて。オリジナルのシールを
貼れば、素敵なお土産になる。

海老と帆立のスモーク サラダ仕立て

スモークした魚介類とオレンジは相性抜群。
ドレッシングにもオレンジの果汁を入れて、燻香と爽やかな柑橘の香りのハーモニーを満喫します。

作り方

1 **A**を鍋に入れてひと煮立ちさせたら火を止めてバットに移す。

2 尾を残して殻をむいた海老、帆立貝柱、うずらの卵とともに 1 に20分程度漬ける。

3 スモーカーにスモークチップを入れて火にかけ、煙が出てきたら汁気をしっかり拭いた 2 を入れて中弱火にし、5～10分燻して取り出す（魚介類の大きさによって調整）。汁気が残っていると、煙と反応して酸味が出るなどおいしく仕上がらないので注意。

4 3 はそれぞれ食べやすい大きさに切る。食べやすい大きさにちぎった葉野菜とトレビス、薄皮をむいたオレンジとともに器に盛りつける。

5 **B**をボウルに入れ、泡立て器などで乳化するまで攪拌してオレンジのビネグレットを作る。小鉢に移し、4 に添えて供す。

材料（4人分）

A
- 水 …… 300㎖
- 粗塩 …… 20g
- 砂糖 …… 5g
- 黒こしょう …… 少々

海老 …… 4尾

帆立貝柱 …… 4個

うずらの卵（8分ゆでて殻をむいたもの）…… 4個

スモークチップ …… 大さじ1と1/2

好みの葉野菜（グリーンリーフ、ルーコラ、クレソンなど）…… 200g

トレビス …… 2～4枚

オレンジ …… 1/2個

B
- オレンジの絞り汁（果肉も含む）…… 大さじ2
- 白ワインビネガー …… 小さじ1
- オリーブオイル …… 20㎖
- 塩 …… 少々

SUMMER
盛夏のスパイシーカレー

　忙しい日の食事や急な来客、自宅での撮影時のまかないメニューとしてカレーは不動の人気、永遠の定番です。たくさん仕込んだ日、近所に住む友人に「カレーができたよ！」と声をかけると、二つ返事で飛んできます（笑）。夏の暑い時期にいちばんよく作るのが、スパイシーなキーマカレー。カレーとしてはもちろんのこと、サモサやコロッケ、カレーパンなどアレンジもしやすく、冷えたビールのおつまみとして大活躍します。

　プーリーやチャパティ、ターメリックライス……。おもてなしの日は複数用意して、バラエティ豊かなコンビネーションを楽しんでいただきます。テーブルはエキゾチックなリゾートをイメージしてコーディネート。スパイスの香りとともに、つかの間の旅気分を味わいましょう。

Table setting ideas

エキゾチックなリゾートをイメージしたテーブルに並ぶのは、ハワイやタイ、そして東京で見つけた多国籍のアイテム。渋みのある金と銀、深いブルーをメインカラーに決めてコーディネートし、多国籍でもまとまるようにしました。キャンドルを浮かべたフラワーボウルをはじめ銀彩の器は、陶芸家・小西 央さんの作品です。スカーフの要領で蛇腹にたたみ、リングでまとめたナプキンもカジュアルスタイル。

ナプキンの折り方は P.137 参照

spicy keema curry
puri and chapati
kachumber

スパイシーキーマカレー
プーリーとチャパティ
カチュンバル（インド風サラダ）

スパイシーキーマカレー

カレーのレパートリーのなかでも、とりわけ短い時間で作れるのがこのキーマカレー。
ビンダルウペーストと炒め玉ねぎで奥行きある風味に。

材料（8人分）

牛ひき肉 …… 600g
にんにく（みじん切り）…… 2かけ
しょうが（みじん切り）…… 30g
ベーコン（みじん切り）…… 60g
ピーマン（みじん切り）…… 5個
ビンダルウペースト …… 小さじ2
炒め玉ねぎ（P.42参照）…… 300g
カレー粉 …… 大さじ5

Ⓐ
好みのジャム（あればチャツネ）…… 30g
赤ワイン …… 1カップ
トマトピュレ …… 2カップ
水 …… 3カップ
ケチャップ、醤油、ソース（ウスター、中濃お好みで）
…… 各75g

※ビンダルウペーストとは、唐辛子をベースに複数のスパイス
と酢を加えた調味料。今回は市販のものを使用。

作り方

1　鍋に牛脂適量（材料外）を入れて火にかけ、温まったら牛ひき肉を入れてしっかり炒めて鍋から取り出す。

2　1の鍋ににんにく、しょうが、ベーコン、ピーマンを炒め合わせ、ビンダルウペーストと**炒め玉ねぎ**を加えてなじんだら、カレー粉を加えてさっと炒める。

3　1の牛ひき肉を鍋に戻し、Ⓐを加えて30分ほど煮込む。

プーリーとチャパティ

生地の発酵が不要のパン。プーリーは
ごぼうなど棒状の野菜にアルミホイルを巻き、
中央を押さえて揚げるとお皿のような仕上がりに。

材料（各4枚分）

全粒粉（微粒のもの）…… 200g
塩 …… 小さじ1/4
水 …… 100mℓ
ごま油 …… 小さじ2
米油 …… 適量

作り方

1　ボウルに全粒粉と塩を入れて合わせ、水、ごま油を加え混ぜて10分こねる。丸くまとめてラップをふんわりかけ、約15分ねかせる。

2　1の生地を8等分し、プーリーは直径10cm、チャパティは直径12cmの円形にそれぞれのばす。

3　プーリーは180度の米油で揚げる。生地が浮き上がり、表面がきつね色になったら引き上げる。

4　チャパティはフッ素樹脂加工のフライパンで油をひかずに焼く。両面に火が通ったら熱した焼き網に移し、さっとあぶる。網からおろし、粗熱が取れたら乾燥しないように密封容器に入れておく。

カチュンバル
（インド風サラダ）

スパイシーな
カレーの箸休めの
サラダ。酸味を
しっかり効かせて爽やかに。

材料（作りやすい分量）

きゅうり（さいの目切り）…… 1本
トマト（さいの目切り）…… 1個
赤玉ねぎ（さいの目切り）…… 1/2個

Ⓐ
レモン汁 …… 大さじ1
オリーブオイル …… 大さじ1
塩 …… 小さじ1/2
クミン …… 小さじ1/4
カイエンペッパー …… 少々

作り方

野菜を、あらかじめ混ぜ合わせておいたⒶとあえる。

ターメリックライス

ご飯は物相などで型抜きをしたくなりますが、
カレーの日はあえてそれはせずざっくり豪快に盛りつけます。

材料（8人分）

米 …… 3合
水 …… 3合
ターメリック …… 小さじ2
ローリエ …… 1枚
バター …… 大さじ1
グリルした好みの野菜、
　フライドオニオン …… 適量

作り方

1 米をとぎ、水、ターメリック、ロー
リエとともに炊く。炊き上がった
らバターを加えてさっと混ぜる。

2 器にキーマカレーとともに盛り
つけ、グリルした好みの野菜と
フライドオニオンを添える。

サモサ

キーマカレーを春巻きの皮で包んで揚げた
お手軽おつまみ。後を引くおいしさです。

材料（6個分）

じゃがいも …… 50g
キーマカレー …… 50g
春巻きの皮 …… 2枚
米油 …… 適量

作り方

1 じゃがいもをゆでてつ
ぶし、キーマカレーと混
ぜ合わせてたねを作る。

2 春巻きの皮2枚を3等
分にカットし、1のたね
を15gずつ三角形に包
み、180度の米油でこん
がりするまで揚げる。

レモンミントシロップ

シロップを炭酸水で割り、エディブルフラワー
入りの氷を浮かべると、ドリンクが華やぎます。

材料（作りやすい分量）

ミントの葉 …… 20g
砂糖 …… 150g
水 …… 1カップ
レモン汁 …… 50㎖

作り方

1 ミントの葉、砂糖、水を
鍋に入れて火にかけ、10
分ほど煮立てる。

2 火からおろしたらざる
に通してミントの葉をこ
し、粗熱が取れたらレ
モン汁を混ぜる。

AUTUMN
お月見の夕べに

　日本ならではの節句や行事を、今様の演出で親しむことをとても大切に思っています。残暑は厳しいものの、夕刻にもなれば爽やかな風が心地よい初秋は、「仲秋の名月」の趣向で秋の訪れを満喫します。主役になるのは「お月見ボックス」。お月さまが顔を出したらテラスにさっと場所を移して観月を楽しめるよう、取っ手のついた木箱に満月や夜空、秋の名物を見立てたスイーツやスナックを並べます。この木箱、元は中国茶の茶盤なのですが、シックな色と姿が美しくてこの演出を思いつきました。

　秋口は、ブルゴーニュタイプのワイングラスで紅茶を楽しむのが私の定番。グラスの中で香りが対流し、口当たりもまろやかになります。今日はアールグレイにほんの少しのコアントローをたらして。ほろ酔い気分で美しい月を眺めるものまた一興です。

「仲秋の名月」の趣向なので、夜空と満月にちなんで黒とゴールドを適度に差し込んでのコーディネートです。テーブルクロスは栗皮色。ナプキンはすすきたなびく草原をイメージして藁色。それぞれ日本の色を選びました。すべてがダークな色味だとまだ初秋には重々しいので、ガラス器も適度に取り入れます。常滑焼のスクウェアの黒い器にいけたのは、重陽の節句にちなんで菊花。モダンな装いにも似合う菊の種類も増えてきました。

ナプキンの折り方は P.140 参照

otsukimi box

お月見ボックス

トリュフ風味のクロケット

秋の味覚、トリュフに似せて成形し、衣の中からはふんわりとトリュフオイルが香る贅沢コロッケ。
まん丸の形をしているので、月見団子のように盛りつけても気分が高まります。

材料（8人分）

ブランダード（右記参照）…… **240g**

トリュフオイル …… **大さじ1**

塩、こしょう …… **各少々**

パン粉 …… **1/2カップ**

竹炭 …… **少々**

薄力粉 …… **大さじ3**

溶き卵 …… **1個**

米油 …… **2カップ**

にんじんの甘酢づけ（P.79参照）…… **適量**

作り方

1　**ブランダード**にトリュフオイルと塩、こしょうを混ぜ合わせる。8等分し、それぞれラップを使って丸めておく。

2　パン粉をフードプロセッサーにかけて細かく砕く。半量取り出し、残りに竹炭を加え、フードプロセッサーに軽くかけて黒いパン粉を作る。それぞれのパン粉をざるでふるっておく。

3　1の**ブランダード**4個に薄力粉、溶き卵、2の黒いパン粉をつける。残りの4個には薄力粉、溶き卵、プレーンなパン粉をつける。

4　180度に熱した米油で3をうっすら色づく程度に揚げる。

5　器に盛りつけ、うさぎ形に抜いた**にんじんの甘酢づけ**を添える。

ブランダード

材料（「トリュフ風味のクロケット」8個と「サーモンムーン」4個が作れる量）

鱈（甘塩の切り身）…… 2切れ（120g相当）

Ⓐ
- 牛乳 …… 100mℓ
- 水 …… 400mℓ
- にんにく（つぶす）…… 1かけ
- ローリエ …… 1枚
- 塩 …… 小さじ1/2

じゃがいも …… 300g

作り方

1　鍋に鱈とⒶを入れて火にかけ、沸騰させないようにして7分ほどゆでる。鱈を鍋から取り出し、骨と皮を取り除いてほぐしておく。

2　じゃがいもはゆでて皮をむき、ボウルに移してつぶしておく。1と合わせ、成形するのに固い場合は牛乳適量（分量外）で調整する。

黒ごまのムース・かぼちゃのムース

秋になるとこっくりとした甘みが欲しくなります。かぼちゃのムースは丸く成形して満月に、
黒ごまのムースは夜空にそれぞれ見立てて。お月見の夕べを愛らしく締めくくります。

材料（4人分）

牛乳 …… 300㎖

水 …… 150㎖

砂糖 …… 80g

粉ゼラチン …… 10g

生クリーム …… 100㎖

練りごま（黒）…… 20g

かぼちゃ（蒸して裏ごししたもの）
…… 70g

すぐりの実、食用菊の花びら、
ぶどう、りんご（すべて飾り用）
…… 各適量

作り方

1 鍋に牛乳、水、砂糖を入れて火にかけ、砂糖が溶けたら火を止める。3倍量の水（材料外）でふやかした粉ゼラチンを溶かす。生クリームを加え混ぜる。

2 ボウルに練りごまを入れ、1の半量を少しずつ混ぜ合わせる。流し缶に入れて、冷蔵庫で冷やし固める。

3 ボウルにかぼちゃの裏ごしを入れ、残りの1を少しずつ混ぜ合わせる。流し缶に入れて、生クリーム適量（分量外）をたらして楊枝などでマーブルを描く。冷蔵庫で冷やし固める。

4 2の黒ごまのムースは流し缶から取り出して角切りにし、ショットグラスに盛りつける。すぐりの実、菊の花びらを飾る。3のかぼちゃのムースは丸い型で抜いて、器に盛りつける。ぶどうやうさぎ形に抜いたりんごを添える。りんごはレモン果汁を加えたシロップ（材料外）につけると変色を防ぐことができる。

サーモンムーン

クロケットのフィリングにした鱈とじゃがいもの「ブランダード」をスモークサーモンで包めばオードブルにもなります。イクラや菊花を添えて、秋たけなわを表現しました。

材料（4個分）

ブランダード（P.98参照）
…… 120g

スモークサーモン …… 4枚

イクラ、にんじんの甘酢づけ
（P.79参照）、
食用菊の花びら …… 各適量

作り方

1 ブランダードを4等分して丸め、スモークサーモンで包む。

2 器に盛りつけ、イクラ、うさぎ形に抜いたにんじんの甘酢づけ、菊の花びらをのせる。

two colored gazpacho

2色のガスパチョ

Chapter
5

Aperitif & Digestif

アペロタイム＆バータイム

発信するための演出とともに

SNSなどからの発信を通じて、世界中のどことでも、
誰とでも"おいしい時間"を共有できる時代となりました。
写真を撮ることが好きなので、
普段から日常の食卓の様子を発信していますが、
時には自宅で演出に凝って撮影し、
発信したらどうなるだろう？
そんなことを思いながらプレゼンテーションを考え、
背景など撮影装置を手作りして演出してみました。
ディナー前のアペロタイム、ディナー後のバータイム。
日常からちょっと離れた、遊び心ある演出でご紹介します。

煌くクリスタルに
夏の養生スープを

　夏のアペロタイムのはじまりには、猛暑でお疲れぎみの体に、一口で元気をチャージするガスパチョを用意します。トマトをベースに、パプリカや玉ねぎの爽やかなうまみたっぷり。それを引き立てる砂糖と白バルサミコ酢の隠し味も忘れてはなりません。特に暑い日はピリッとカイエンペッパーを効かせてもいいですね。

　目にも涼しげでエレガントな世界を演出したくて、肌を当てたら冷たくて気持ちよい大理石のテーブルにバカラ尽くしでコーディネートをしました。白とクリスタルの組み合わせはガスパチョの鮮やかな色もより美しく出ます。

　「バカラ」は四季それぞれのテーブルに映えますが、重厚感あるクリスタルが夏の光を受けて清々しい輝きを発するのはこの季節ならでは。薄暮となり、クリスタルがキャンドルからの光を受けて輝く時間になったら、ディナーテーブルへと移動します。

Table setting ideas

クリスタルの輝きと赤いガスパチョが引き立つよう、白を基調にコーディネートしたセッティングは、テーブルフラワーも白いバラを主役に。ケーキスタンドのプレートサイズに合わせたフローラルフォームは半月形に切り、花をいけてから支柱を囲むようにプレートに飾ります。ナプキンはバラのつぼみをイメージして折りました。母ともども「バカラ」が好き。重厚感ある唯一無二の輝きは、ぱっとその場を華やかにします。

ナプキンの折り方はP.140ページ参照

gaspacho ball

ガスパチョボール

2色のガスパチョ

赤いトマト、緑のトマトの2色のガスパチョ。
トマトは年間を通して味が安定しているプチトマトがおすすめです。
ショットグラスなら2種類とも楽しんでいただきやすいですね。

材料（赤のガスパチョ4人分）

プチトマト …… 200g
玉ねぎ（ざく切り）…… 20g
パプリカ（赤。ざく切り）…… 20g
きゅうり（ざく切り）…… 20g
にんにく …… 1かけ
白ワインビネガー …… 大さじ1/2
白バルサミコ酢 …… 大さじ1
オリーブオイル …… 20㎖
塩 …… 小さじ1/2弱
グラニュー糖 …… 4つまみ
カイエンペッパー …… 少々
パン粉 …… 10g

作り方

1 すべての材料をミキサーにかけ、なめらかにする。

2 1 をやや粗めの網でこす。器に盛りつけ、仕上げにオリーブオイル（分量外）とフルール・ド・セル（材料外）を適量ふる。

☞ 緑のガスパチョは、材料のプチトマトをグリーンプチトマト、パプリカをグリーンパプリカに替えて同様の手順で作る。

ガスパチョボール

ガスパチョを寒天で固めると、さっぱりとした口あたりに。
ガスパチョボールを包むのは、2週間ほど水を替えながら浸水させ、
繊維だけを残した網ほおずきです。

材料（4人分）

ガスパチョ …… 200㎖
水 …… 100㎖
粉寒天 …… 小さじ1/2

作り方

1 上記の「2色のガスパチョ」の材料からパン粉を除き、同じ手順でガスパチョを作る。

2 小鍋に水と粉寒天を入れて火にかけ1〜2分沸騰させ、寒天が溶けたら火を止める。

3 1 のガスパチョと 2 を混ぜ合わせ、球形のシリコン型に流し入れ、冷蔵庫で冷やし固める。

Nana's tip

球状に固めるのにシリコン製のロリポップ型を使用。本来は棒つきのお菓子を作る道具。上ぶたの小さい穴から寒天入りのガスパチョを注ぎ入れる。

帆立とガスパチョゼリー

ガスパチョをゼラチンで固めて、つるんと喉越しのよいゼリーに仕立てました。
魚介類とガスパチョは相性抜群。
クープグラスに盛りつければディナーの素敵な前菜にもなります。

材料（4人分）

ガスパチョ …… 200㎖
水 …… 100㎖
粉ゼラチン …… 4g
帆立貝柱（スライス）…… 4個
プチトマト（スライス）…… 4個
食用バラの花びら …… 4枚

作り方

1 P.104の「2色のガスパチョ」の材料か
   らパン粉を除き、同じ手順でガスパチョ
   を作る。

2 ボウルに水と粉ゼラチンを入れ、湯せ
   んで溶かす。湯せんから取り出し、1
   のガスパチョを少しずつ加える。

3 2をボウルごと氷水に当てて、とろみ
   が出てきたらクープグラスに注ぎ、冷
   蔵庫で冷やし固める。

4 帆立貝柱とプチトマトを3の上に盛り
   つけ、オリーブオイルとフルール・ド・
   セル（ともに材料外）を適量ふる。バ
   ラの花びらを飾る。

バーニャカウダ・ガーデン

　アペロタイムでもバータイムでも、傍らに野菜があるとちょっとホッとしませんか。おもてなしのメニューにバーニャカウダを出したくて、スティック野菜をグラスに立てるだけでは面白くないな……と思っていたとき、偶然にもスプラウトを器に敷き詰めて草むらに見立てた海外のシェフによる盛りつけ写真を発見。菜園風の演出がひらめきました。植木鉢のようなガラスの鉢にわしゃわしゃとスプラウトや豆苗の根元を敷き詰めて、串に刺した野菜を立ててピンチョス風の盛りつけに。楽しいプレゼンテーションになったので、使用感のあるナチュラルな木板に野菜を置き、小屋の壁をイメージしたボードを背景にキッチンガーデンのイメージを作りこんで写真撮影。右ページのような、まるでわが家に菜園ができたかのような写真になりました。

Table setting ideas

P.107の写真は遊び心のある菜園風の絵づくりをしましたが、こちらは実際のおもてなしのテーブルバージョンです。ざっくりとした風合いのテーブルクロスを敷き、にんじんに見立てて折ったチェック柄のナプキンとともに、カントリー調に演出。センターに置いたバスケットには、彩りよく野菜を収めてテーブルフラワー代わりにしました。そのままバーニャカウダソースをつけて、召し上がっていただいてもいいですね。

ナプキンの折り方はP.140参照

基本のバーニャ
カウダソース

材料 (作りやすい量)

バター …… 15g
にんにく (みじん切り) …… 3かけ
アンチョビー …… 30g
生クリーム (乳脂肪分47%)
　　…… 200ml
オリーブオイル …… 大さじ3
塩、黒こしょう …… 各少々

作り方

1　小鍋にバターを入れて温め、
　にんにくとアンチョビーを炒
　めて香りを出す。

2　生クリームを加えて温まった
　ら、オリーブオイルを加え、
　少し煮つめる。塩と黒こしょ
　うで味をととのえる。

バーニャカウダ・ガーデン

ガーデンに見立てた野菜に添えるソースはにんにくとアンチョビーとともに香りを出して
クリームを入れるだけの簡単バージョン。生クリームの乳脂肪分は高いほうがおいしくできます。

材料 (すべて適量)

豆苗、大根、スプラウト、
ラディッシュ、紫大根、プチトマト、
にんじん、パプリカ、きゅうり、
スナップえんどう、芽キャベツ、
基本のバーニャカウダソース

作り方

1　豆苗の上部をカットし、根の部分をガラス器などに入れる。別
　のガラス器には大根など串を刺しやすい野菜を器の大きさに
　合わせて切って敷き、たっぷりのスプラウトを入れて隠す。

2　ラディッシュ、紫大根、プチトマト、にんじん、パプリカ、きゅう
　りは食べやすい大きさにカットし、串に刺す。スナップえんど
　う、芽キャベツは色よくゆでて、串に刺す。これらを1の器に
　立てて刺す。**バーニャカウダソース**をつけていただく。

カラフル生春巻き

野菜のみの生春巻きをバーニャカウダソースでいただくアレンジバージョンです。
透けた生春巻きの皮ごしから野菜をいかに愛らしく見せられるか。
あれこれ考える時間も楽しいものです。

材料（すべて適量）

うず巻きビーツ、ラディッシュ、
紅芯大根、黄にんじん、
にんじん、エディブルフラワー、
ディル、サニーレタス、
生春巻きの皮
基本のバーニャカウダソース

作り方

1 うず巻きビーツ、ラディッシュ、紅芯大
　根をごく薄くスライス。黄にんじん、に
　んじんは縦にごく薄くスライスし、幅1
　cm程度の帯状に切り揃える。格子にな
　るように編み込む。

2 生春巻きの皮を軽く湿らせ、1の野菜
　を写真のように彩りよくそれぞれ並べ、
　エディブルフラワーやディルを適宜あ
　しらう。その上に丸めたサニーレタス
　（春巻きの皮1枚あたり1枚）を置いて、
　生春巻きの皮で包む。

3 冷やしたバーニャカウダソースをつけ
　ていただく。

サラダ仕立てのバーニャカウダ

プレートに盛りつけてレストラン風の演出に。
ランチやディナーの前菜としても喜ばれます。香ばしいコーンフレークはさくさくの食感が
全体のアクセントになるだけでなく、ソースとの相性も抜群です。

材料（すべて適量）

ブロッコリー、そら豆、スナップえんどう、
ヤングコーン、オクラ、アスパラガス、
にんじん、大根、プチトマト
コーンフレーク
エディブルフラワー、ハーブ
基本のバーニャカウダソース

作り方

1 ブロッコリー、そら豆、スナップえんどう、ヤングコーン、オクラ、アスパラガスは色よくゆで、立てて盛ることを意識しながら食べやすい大きさに切る。にんじんも同様に切る。大根は薄切りにしてくるんと巻く。

2 プレートにセルクルを置き、コーンフレークを敷き詰める。1 の野菜とプチトマトを盛りつけたらセルクルを外す。

3 エディブルフラワーやハーブを添え、野菜を囲むようにバーニャカウダソースをあしらう。ソースは好みで、追加でかけてもよい。

手作りロースハム

　香味野菜やスパイスを含む下ごしらえの液に漬けること4日間。ハムができ上がるまで時間はかかりますが、しっとり柔らかな豚肉の食感は、まさしく「時間がもたらす贈り物」です。塩分を控えめにしているので、保存は2、3日とハムにしては短めですが、そのぶん料理のアレンジがしやすいと思います。かたまり肉なので、薄切り、厚切り、角切りと、切り方一つで食感や味わいの違いを楽しめることも手作りハムの醍醐味ですね。

　冬の夜、ウィスキーなどハードリカーのお供としてハムを楽しむシチュエーションでの演出を考えてみました。アンバーな光のもとジャズが流れ、大人が集うシックなバー。私がこんなお店を開くなら、どんなおつまみをメニューに載せようか……。アイディアは無限に広がります。

Table setting ideas

ダークブラウンの手作りボード（P.132参照）で作りこんだ、シックなバーの世界。ダークトーンの器やカトラリーはモダンとアンティーク、それぞれのテイストをミックスしてコーディネートをしました。キャンドルを灯すテーブルにちなんで、ナプキンもキャンドル形に折っています。多肉植物をガラスボウルに寄せ植えし、テーブルフラワーにしました。

ナプキンの折り方は P.141参照

bouquet of ham

ハムのブーケ

coupe sandwich
petite apple salad

クッペサンド
りんごのプチサラダ

cigar spring rolls

シガー春巻き

基本の手作りロースハム

材料（作りやすい量）

豚ロース肉（かたまり）…… 500g

玉ねぎ（スライス）…… 1/2個

セロリ、にんじん（それぞれスライス）
　　…… 各1/2本

にんにく（スライス）…… 1かけ

ローリエ …… 1枚

粒黒こしょう …… 10粒

タイム …… 2枝

Ⓐ ┌ 水 …… 300㎖
　├ 塩 …… 12g
　└ 砂糖 …… 6g

作り方

1　豚ロース肉はフォークで表面に穴をあけ、たこ糸を巻いて縛る。

2　玉ねぎ、セロリ、にんじん、にんにく、ローリエ、粒黒こしょう、タイムをⒶとともに鍋に入れて沸騰させる。調味料が溶けたら火を止めて、粗熱が取れたらポリ袋などに1とともに入れる。冷蔵庫で4日間漬け込む。

3　肉を取り出して水分を拭き取り、120度のオーブンで60〜70分焼く。金串を刺して口の下に当てて熱いと感じるくらいが加熱完了の目安。

4　好みの厚さに切り分けていただく。温かいうちでもおいしいが、1日おくとしっとりとした仕上がりになる。

ハムのブーケ

花びらに見立てた薄切りハム。ひだを寄せて楊枝で留めているので、
気軽につまめて食べやすいと評判です。
一方、お好みの厚さでかたまりをカットしたハムはほんのり温めるとさらに美味。

材料（1皿分）と盛りつけ方

1　直径12㎝の円形皿の内側に沿うようにローリエの葉を適量並べる。皿の中心に半割りにしたラディッシュを置く（直径2〜3㎝の半球形のものならば何でもよい）。

2　薄くスライスした**基本の手作りロースハム**1枚をひだができるように楊枝で留める。これを8つほど作り、ラディッシュを軸にハムが花に見えるよう重ねる。ケイパー、赤こしょう各適量を散らす。

クッペサンドとりんごのプチサラダ

小ぶりのフランスパン「クッペ」を横半分に切って、
りんごに見立てたサンドイッチ。具はシンプルにハムとレタスのみ。
姫りんごに盛りつけた、爽やかなりんごのサラダと一緒にどうぞ。

クッペサンド

材料（1個分）

クッペ …… 1個
バター、マヨネーズ、マスタード …… 各適量
基本の手作りロースハム（スライス）、レタス、ローリエ
　　…… 各適量

作り方

1 クッペは縦置きできるよう片端をカットする。
　もう片側は端から1/2をカットし、切り口にバ
　ター、マヨネーズ、マスタードを塗る。

2 1 にハムとレタス各適量をはさみ、頂上から
　ピックを刺して安定させ、ローリエを飾る。

りんごのプチサラダ

材料

姫りんご …… 1個
基本の手作りロースハム（さいの目切り）、
　りんご（さいの目切り）、パセリ（刻む）、マヨネーズ、
　ローリエ …… 各適量

作り方

1 姫りんごを横半分に切り、下半分の内側をス
　プーンでくりぬく。

2 ハムとりんごを、パセリとマヨネーズであえ、
　姫りんごではさむ。頂上にローリエを飾る。

シガー春巻き

アンティークのシガーボックスを見てひらめきました。
細く巻いてこんがり揚げた春巻きに、ワックスペーパーを巻けば、まるでシガー⁉
具材はハムと海苔とチーズ。お酒が進まないわけがありません。

材料（1本分）

焼き海苔（1枚を十字に4等分にする）…… 1/4枚分
基本の手作りロースハム（10×1cmの拍子木切り）…… 1本
スライスチーズ（1枚を6等分に切ったもの）…… 1切れ
春巻きの皮（三角形になるよう半切り）…… 1/2枚
米油 …… 適量

作り方

1 焼き海苔の上にハムとスライスチーズを1本ずつのせて巻く。

2 春巻きの皮を、長い辺が手前にくるように置く。頂角と右底
　角に糊づけ用の水溶き小麦粉（材料外）を少量のせ、手前中
　央に 1 を置いて巻いていく。

3 180度の米油で 2 を揚げる。手でつまめるよう1cm幅のワッ
　クスペーパーで巻き、シガーボックスに入れる。

=== Nana's tip ===

ボールにくりぬいたメロンとハムを串で刺
してピンチョス風に。頂点に挿したローズ
マリーの香りも爽やか。

Ideas for Captivating Presentations

"魅せる"プレゼンテーションのアイディア

おもてなしのフルーツカッティング

おなじみのフルーツも、切り方一つで目にも楽しく華やかなおもてなしの一皿に。
コツを覚えれば、さまざまなフルーツに応用できます。

カットに用いる3つの道具

フルーツカットに用いる道具。左から、皮を細く
むくレモンピーラー、果肉を丸くくりぬくくりぬき
器、手になじむ大きさのペティナイフ。

melon basket
メロンバスケット

作り方

1 バスケットの持ち手
の位置をテープで
貼って目印にする。
メロンの下から1/3
ほど、山型カットの
谷にあたる部分に楊

枝を刺し、これを目印にナイフを入れてゆく。メロンは
真ん中ではなく下から1/3ほどの場所を切ると、くりぬ
いた果肉をのせたときにバランスのよい見映えとなる。

2 1で貼ったテープの
際にナイフを入れ、
切り離す。種とわた
を除く。

3 持ち手の内側の果肉
を切り離す。

4 2、3で切り離した
部分の果肉をくりぬ
き、盛りつける。

grape bijoux
ぶどうのビジュー

花

ぶどうの横方向からギザギザにナイフを入れ、
切り込みを入れる。一周切り終えたら離す。

ダミエ

ぶどうの皮に、縦方向の放射状と、横方向
に水平の切れ目を入れる。市松に皮をむく。

紙ふうせん

ぶどうの皮に、縦方向の放射状の切れ目を
入れる。切れ目の間の皮を、交互にむく。

花

ぶどうのビジューの花
（P.119）と同様に、横から
V字に一周切り込みを入
れてから2つに離す。

citron case
シトロンケース

1 レモンピーラーで、レモンの皮を縦方向、放射状にむく。

2 座りがよいよう片方の端を切り、逆の端から1/3ほどを水平に切り落としふたとする。皮と果肉の間にナイフをぐるりと入れ、くりぬく。

シトロンケースにはキャンドルを差し込んでも美しい。
ライムなどさまざまな柑橘に応用できる。

strawberry bijoux
いちごのビジュー

翼

いちごの先端をV字に切り、少しずつ幅の広いV字をさらに切る。切り口を少しずつずらす。

羽根

いちごを縦半分に切る。その断面と平行に、へたを残してスライスする。少しずらす。

ハート

いちごのへたをV字に切り離し、断面がハート型になるよう縦半分に切る。

orange rose
オレンジローズ

1 オレンジの皮を途中で切り離さないよう注意しながら、りんごの皮をむく要領でむく。

2 むき終えた皮を丸く整えながら写真のように中心をひねり、2つのカップを作る。果肉は半月に薄くスライスする。

3 スライスした果肉をカップの縁からバラの花びらのように盛りつけてゆく。

kiwi lotus
キウィロータス

1 座りのよいよう両端を切り落とし、ぶどうのビジューの花（P.119）の要領でV字に切り込みを入れながら2つに切る。ジグザグの谷間一つおきから下に向け、皮に切れ目を入れる。

2 切れ目に沿って、下部の際まで皮をむく。花びらが開くように皮を広げて盛りつける。

底を切り落とし、キウィロータスの要領で皮を花びらのようにむいたびわ。すぐりの実を添えて華やかに。

watermelon tree
スイカツリー

1

スイカを水平に5つに切り、中央の3枚
のうちの2枚を、放射状に8等分する。

2

皮の中心部を残し、左右を四角く切り落
としてツリーのような形にする。

watermelon ball
スイカボール

5つに切ったスイカの中央3枚のうちの1
枚を放射状に8等分する。その上に、
残った両端のスイカからボール形にくり
ぬいた果肉を盛りつける。

apple swan and bordered apple
りんごスワンとボーダーりんご

1 縦半分に切ったりんごを用意する。芯側を厚めに1枚スライスし、写真のように切り離し、頭から首にかけてを作る。種で目をつける。

2 1の残ったりんごを箸の間に置き、中央に指1本ほどの幅をとり、縦に切り目を入れる。

3 2で入れた切り目に向かい、水平方向から、箸の高さに沿って切り目を入れて果肉を切り離す。

4 3で切り離した果肉も、3と同様に2方向から切り離す作業を2回くり返す。切り離した果肉をずらしながら重ね、羽根とする。2の中央、指1本の幅をあけたもう片側も同様にして羽根を作る。

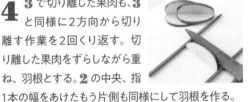

5 4で残った指1本ほどのところの前方にナイフで穴をあけ、首を差し込む。

※ボーダーりんごは、りんごの皮をレモンピーラーで水平方向に細くむき、縦方向にスライスする。

uneven apple
でこぼこりんご

1 りんごを水平方向に6つに切る。

2 1をもとの形になるよう重ね（一番上の一枚は除く）、縦方向に同じ幅で5つに切る。芯のある中央部分を取り出し、芯の周囲を切る。

3 芯ごともとの形に戻し、一番上の一枚をかぶせる。ところどころりんごを押し出し、でこぼこに見せる。

Lesson 2

包んで贈るラッピング術

リボンや包装紙、厚紙など、身近な材料で手作りの美味をラッピング。
工夫ひとつで世界に一つだけの〝おいしい贈り物〟ができ上がります。

セロハン＋リボン

リボン結び

包んだ料理 季節野菜とバーニャカウダソース
RECIPE ▶▶▶ P.107

手土産用のバーニャカウダ。色とりどりの野菜を
串刺しにして、セロハンの袋に入れ、口をリボン
で結びます。かごに詰め、ローズマリーなどのグ
リーンを添えれば、華やぎもひときわ。すぐに皆
で楽しめるよう、瓶に入れたバーニャカウダソー
スとともにお持ちします。

水引結び

包んだ料理 手作りロースハム
RECIPE ▶▶▶ P.114

手作りのハムをセロハンで包んで贈り物に。口は
キャンディ状にキュッと閉じ、紅白の水引きで結
びました。ここで使ったのは、耐熱性のフィルム
「カルタ・ファタ」。包んだまま湯せんで温められ
る便利なアイテムです。手作りしたオリジナルラ
ベルを貼れば、スペシャルな雰囲気も高まります。

包装紙＋リボン

封筒包み

包んだ料理 ▶ **プティパンケーキ**
基本のパンケーキのRECIPE ▶▶▶P.18

ごく小さく焼いたパンケーキの
ギフト。入れる個数に応じたサ
イズに切ったワックスペーパー
の中央にパンケーキを置き、左
右から三つ折りに包みます。上
下の端を手前に折り、折った上
側にスクリューポンチで縦に2
つ穴をあけ、リボンを通して蝶
結びに。リボンには手作りのタ
グを通します。

ミルクパック包み

包んだ料理 ▶ **シュケット**
基本のシュー生地のRECIPE ▶▶▶P.56

シュー生地にフロストシュガーをふりか
けて焼いたシュケットを包んだギフト。
包装紙を縦横比1：2にカットし、短端
どうしを合わせて内側からテープを貼
り、筒状に。片方の筒の口をホッチキス
で閉じて袋状にする。シュケットを入
れ、開いた口の両端を引き寄せるように
合わせ、三角形ができるように閉じたらホッチキスで留めます。

コルネ包み

包んだ料理 ▶ **シガー春巻き・サモサ**
RECIPE ▶▶▶ P.115（シガー春巻き）、P.95（サモサ）

手前のシガー春巻きのケースは、厚め
の紙を春巻きの長さに合わせてコルネ
形に巻き、口を手前に折り込んだもの。
閉じ口にリボンと花びら形のペーパー
をつけて華やかに。奥のサモサのケー
スは、同様にコルネを作り、先端を奥
に折り込んだものです。

ラッピングに便利なアイテム

オリジナルのリボン

色、幅ともにさまざまな、名前入
りのオリジナルのリボン。「プリ
ントリボンドットコム」で小さな
ロットから注文できる。
https://www.print-ribbon.com

カルタ・ファタ

「カルタ・ファタ」は、イタリ
アで開発されたクッキング
ラップ。230度の耐熱性があ
るので包んだまま加熱調理が
できる。

ハトメパンチ

紙などに穴をパンチし、ハト
メ玉を打ち込む道具。穴を補
強し、リボンなども通りがよ
くなるので便利に使える。

スクリューポンチ

上から押せば、簡単に穴をあ
けられるスクリューポンチ。
丸い刃が回転しながら下りて
くるので切れ味が鋭い。穴を
あける場所も狙いやすい。

紙コップ＋リボン

紙コップのプティバック

包んだ料理 ▶ **サーモンのカップずし**
RECIPE ▶▶▶ **P.39**

紙コップの縁をぐるりと切り取り、右の写真のように8等分に切り込みを入れます。切り込んだ箇所を、ひだを寄せるように内側に折り込んでふたにします。切り取った紙コップの縁は、リボンや紐を巻いて持ち手にしても可愛らしく、その場合、持ち手の幅に合わせて紙コップに穴をカッターであけて差し込みます。耐水性のある丈夫な紙コップならば、こうしたカップずしなどをそのまま盛り込むことも可能です。

ふたつき BOX ＋リボン

手さげBOX

包んだ料理 ▶ **とろとろ卵のサンドイッチ**
RECIPE ▶▶▶ **P.22**

市販のふたつきの紙箱に、リボンの持ち手をつけてバッグのように。箱の側面の真ん中、かつふたがちょうどかぶさる高さより少しだけ下の位置に、ハトメパンチでハトメ穴をあけ、そこに外側からリボンを通し、左写真のように内側で固結びをして留めます。リボンは太めの幅の方が持ったときに安定します。蝶の形のカードを添えて。

型紙から作る BOX ＆パッケージ

図版の太線＝切り取り線、切り目　点線＝谷折り　細線＝山折り

ＮａｍｉＮａｍｉ　ＢＯＸ

包んだ料理 **トリュフ風味のクロケット**

RECIPE ▶▶▶P.98

波々の形をしたトップが可愛いらしいパッケージ。油が
しみないよう、ワックスペーパーにクロケットを包んでか
ら箱に詰めます。このパッケージに限らず、箱を作る際
の紙を貼る接着剤は、両面テープを用いるのがポイント。
のりだと水分で箱にシワやたわみが出てしまいます。セ
ロハン製のテープでも同様なのでご注意を。

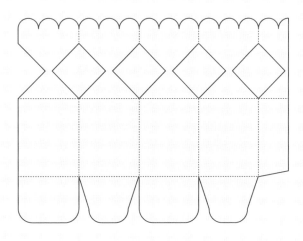

ＳＡＮＫＡＫＵ　ＢＯＸ

包んだ料理 **いちごとゴルゴンゾーラのクリスピーパイ**

RECIPE ▶▶▶P.84

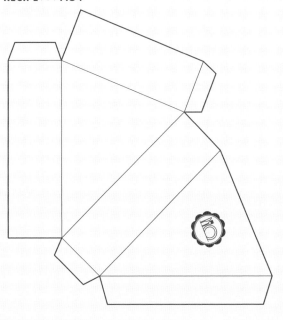

三角にカットしたケーキ形のボックス。ふた
になる側にワンポイントでオリジナルのマーク
のシールを貼り、挿し色となる紐で巻いて華
やかさをプラス。箱の内側にワックスペーパー
を敷き込むと、箱に油分や水分がしみるのを
防げます。

型紙から作る BOX & パッケージ

ハートBOX

包んだ料理 とうもろこしのケークサレ
RECIPE ▶▶▶P.12

ハート形に仕上がるトップが印象的。今回は中に入れるとうもろこしのケークサレに合わせ、箱の色も黄色を選びました。箱の側面中央にオリジナルのシールを貼り、ビジュアルのポイントに。ケークサレは箱の大きさに合わせて、小さなクグロフ型で焼きました。

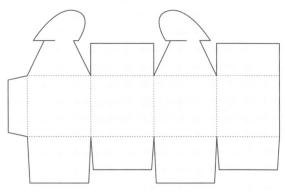

とんがり屋根BOX

包んだ料理 りんごのチーズケーキ
RECIPE ▶▶▶P.43

ハウスの形をしたボックス。高級ブティックの紙袋など、ある程度の厚みのある、しっかりとした紙を用いるのがおすすめです。窓の形や数はそのときどきでアレンジしても。リボンを通すために屋根にあける穴は、ハトメパンチで開けると補強され、安心です。カッターで切り開けた窓を通して箱の中が少し見え、ワクワク感が高まります。

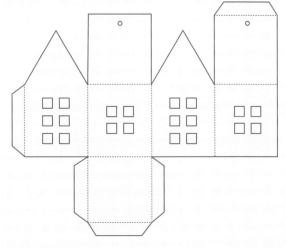

レターケース

包んだ料理 **パテ・ド・カンパーニュ**

基本のRECIPE ▶▶▶P.34

薄いボックス型のケースは、スライスしたパテやクッキーなどを入れるのにぴったり。セロハンの袋に入れれば、水分や油分がしみません。リボンで結び、シーリングスタンプとワックスで作った封を取り付けて、シックな仕上がりにしました。麻紐と手作りのタグをあしらうなど、入れるものの内容やそのときの気分でアレンジします。

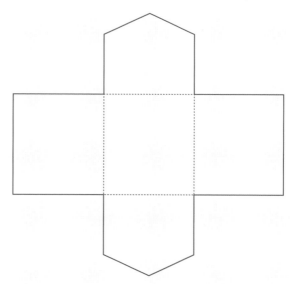

うさぎのバッグ

包んだ料理 **ロシア風サブレ**

RECIPE ▶▶▶P.69

A4サイズのクラフトペーパーで、うさぎを思わせる形のパッケージを作りました。マチつきの紙袋を作るイメージで組み立てた後に上部をうさぎの耳のように切り出すと、形を整えやすいです。耳の付け根をリボンでキュッと結び、白い毛糸で作ったポンポンをつけて完成。ロシア風サブレとともに、基本のサブレ生地をうさぎ形に抜いたサブレも添えて。

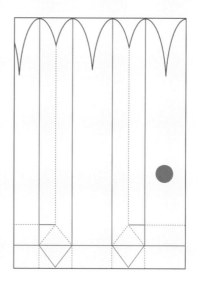

$\mathscr{L}_{esson}$ 3

素敵な写真のためのDIY術

自分で撮影して自由に発信する時代。撮影のシチュエーション作りにボードや天板は大活躍します。
本書の撮影のためのセットの多くは、表現したい世界観に合わせて手作りしたものです。
セット作りの舞台裏と作り方のヒントをご紹介します。

制作協力／福田久美子

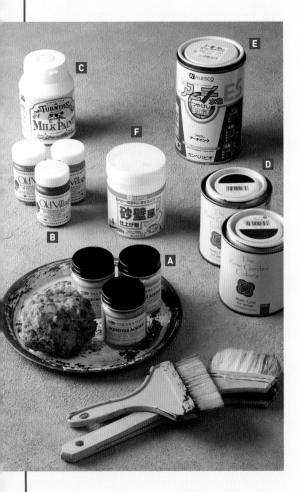

主な材料

ボード・壁紙

撮影用の背景として非常に重宝するのが、画材店などで買うことができるスチレンボード。高密度の発泡スチロール板で、5mmほどの厚さのものが扱いやすい。特に片面が接着面になっているものは壁紙を貼ることができて便利。ボードに貼り付ける壁紙は「壁紙屋本舗」などのウェブショップで購入。輸入物も含め多くの柄や種類が揃う。ボードにペンキを塗る際には、紙貼りのスチレンボードがおすすめ。

＊壁紙屋本舗　https://kabegamiyahonpo.com

ペンキ・ステイン・刷毛（写真左）

ペンキは水性タイプのものが扱いやすくておすすめ。「タカラ塗料」Aは微妙な色合いのペンキが豊富。アメリカの伝統色で天然顔料にこだわる「オールドビレッジ バターミルクペイント」B、有名乳業メーカーのミルク原料を使用した天然由来の「ターナー色彩：ミルクペイント」Cも色が多彩。ともに牛乳に含まれているミルクカゼインが入っているので、ペンキ特有の臭いがないのも特徴。「ローズガーデンカラーズ」Dも、木目をいかしたナチュラルな着色と低臭性が魅力。つや消しに仕上げるなら、専用のつや消しタイプのペンキ（「カンペハピオ アレスアーチ」Eなど）を選ぶといい。またペンキに混ぜて砂壁のような質感を出す材料（「カンペハピオ 砂壁風仕上げ剤」Fなど）も活用すると表現の幅が広がる。ペンキを塗る際は刷毛のほか、自然なむらを作れる海綿を活用すると独特の風合いが生まれる。

A　タカラ塗料　公式通販　http://takaratoryo.shop/
B　バターミルクペイント　http://vividvan.co.jp/product/buttermilkpaint/
C　ターナー ミルクペイント　https://www.turner.co.jp/paint/milkpaint/
D　ローズガーデンカラーズ　https://nippehome-online.jp/special3/index.html
E F　カンペハピオ アレスアーチ、同砂壁風仕上げ剤　http://shop.kanpe.jp/

台

ナチュラルな雰囲気を演出したいときに活躍するのが使い古した風合いのある足場板。厚みがあり（約4cm）、たわみがない点も台に向く。ウェブでの注文が可能な専門店もいくつかあるので、気軽に手に入れやすい。

ブランチのナチュラルなテーブル
▶▶▶ P.15

使ったもの ☞ 足場板

使い古した足場板のナチュラルな風合いをいかして、そのまま台として活用しました。

北欧風のパステルボード
▶▶▶ P.37

使ったもの ☞ 紙貼りスチレンボード／ペンキ

マットな仕上がりと、発色のよいパステルピンクが特徴のボード。紙貼りスチレンボードに、つや消し風に仕上がるピンク色のペンキを、むらの出ないようなめらかに塗ります。なおベニヤ板に塗るのであれば、白いペンキを下地に塗ってからピンクのペンキを重ねると、発色よく仕上がります。

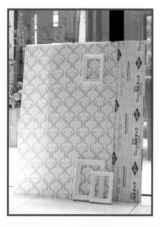

エレガントなサロン・ド・テ
▶▶▶ P.52

使ったもの ☞ 接着面つきスチレンボード／
　　　　　　　生地／額

背景の壁は、スチレンボードにロマンチックな柄の生地を壁紙風に貼ったもの。そこにポイントとしてエレガントな白い額を、画鋲をフック代わりにして掛けました。額は100円ショップで購入。

ロマンチックなアイスクリーム・パーラー
▶▶▶ P.59

使ったもの ☞ 接着面つきスチレンボード／
　　　　　　　壁紙（コンクリート調）／足場板

背景の壁には、スチレンボードに、少しガサっとした風合いのあるコンクリート調の壁紙を貼りました。台は、使い古した足場板にグレーがかったブルーのペンキを塗り、雰囲気を出しました。

ジャズが流れるシックなバー① ▶▶▶ P.111

使ったもの ☞ 小さいボード：木製のボード／包装紙／
ペンキ
大きいボード：角材（黒く塗る）／
接着面つきスチレンボード／壁紙

左端写真の右側にある小さいボード
は、木製のボードに包装紙を貼った
上から、ブラウンとダークブラウンの
水性ペンキを用いて濃淡をつけたも
の。撮影ではテーブルとして活用し
ました。古い写真や文字がプリント
されている包装紙は動きを出すため
に一度写真や文字のブロックごとに
切り、ランダムに傾けてボードに貼り
付けました。ペンキは刷毛であえて
むらを出すようにして塗り、渋い味わ
いを演出。左端写真の左側の大きい
板は、スチレンボードに重厚感のある色味と絵柄の壁紙を貼りつけた
もの。左右の両端に黒く塗った角材を貼り、柱の雰囲気を演出。こち
らは撮影では背景にしました。

ブロック調のウォール ▶▶▶ P.67

使ったもの ☞ 接着面つきスチレンボード／ペンキ／
足場板／クッションブリックの壁紙
（ホームセンターやネットで購入可）

背景の壁は、スチレンボードに凹凸
のある白いクッションブリックの壁
紙を貼り、グレーのペンキを海綿を
用いて塗り、ニュアンスをつけたも
の。壁の手前の台は足場板。グレー
のペンキで刷毛目を残すように塗っ
て、古びた雰囲気を出しました。

ジャズが流れるシックなバー② ▶▶▶ P.113

使ったもの ☞ 紙貼りスチレンボード／
包装紙／ペンキ

「ジャズが流れるシックなバー①」
の小さいボードと色違い。ブラウン
と同様に包装紙にプリントされた古
い写真や文字をブロックごとに切
り、ランダムに貼りつけ、ペンキの
色をブラックに変えて作成。

出窓のあるダイニング　▶▶▶P.36

使ったもの ☞ ディスプレイ用ウィンドウフレーム／
ワイヤーラック／化粧板／
紙貼りスチレンボード

アンティークを扱うネットショップ
で購入したディスプレイ用ウィン
ドウフレームを用いて、出窓のあ
る窓辺のセットを作りました。高
さを出すためにワイヤーラックを
使用し、そこに2枚重ねにした白
い化粧板をのせ、ウィンドウフレー
ムを設置。その際、できるだけ化
粧板の奥側に寄せると、扉を開い
た際により出窓風に見えます。化
粧板の下は、紙貼りスチレンボー
ドにカッターで筋目をつけたもの
を配して壁に見立てました。こう
することで、ワイヤーラックも隠れ
ます。

マントルピースのあるリビング　(参考コーディネート)

使ったもの ☞ ディスプレイ用マントルピース／
木製のボード／ペンキ／
テクスチャーサンド／
紙貼りスチレンボード

ディスプレイ用のマントルピース
も、アンティークを扱うネット
ショップで購入。自分でサンド
ペーパーをかけて、よりアンティー
ク調の風合いを出しました。マン
トルピースの奥には、壁に見える
ようボードを設置。「ブロック調の
ウォール」(P.132) と同様のグレー
のペンキにテクスチャーサンドを
混ぜ、あえてむらを出しながら海
綿を用いて木製のボードに塗布。
マントルピースの上には、「出窓
のあるダイニング」(上) と同じく、
筋目をつけた紙貼りスチレンボー
ドをのせて、壁に見立てます。

Lesson 4

テーブルナプキンのアイディア

本書に登場したおもてなしのシーンを彩る、テーブルナプキンの折り方をご紹介します。
美しく仕上げるには、ナプキンに糊をきかせるのがポイントです。

- - - - - =山折り　……… =谷折り
※クレジットがないナプキンは、
　器にあわせて 40×40㎝角で手作りしたもの。

 ナプキンの折り方動画はこちら
セトレボンチャンネル

とうもろこし尽くしのブランチ　▶▶▶P.6

皮をむいたとうもろこしをイメージ。中央にはグリーンをあしらって。

裏返す　　再び裏返す　　両側を
　　　　　　　　　　　　剥がすように
　　　　　　　　　　　　開く

ナプキン／アクセル ジャパン

集う日のパンケーキ　▶▶▶P.14

新緑が眩しい季節に合わせ、爽やかな色のナプキンでツリーをイメージ。

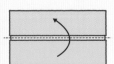 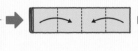

上下をたたんで中央を折
り上げる

手前の一枚を
折り上げる

もう一枚は
反対側に折る

左右に開く

ナプキン／アトリエ ジュンコ

サンドイッチにも楽しい驚きを ▶▶▶ P.20

春の花畑に舞う蝶に見立て、鮮やかな色のすみれを添えました。

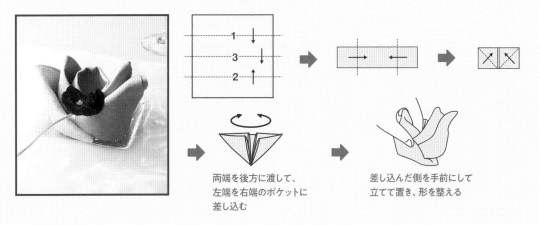

両端を後方に渡して、
左端を右端のポケットに
差し込む

差し込んだ側を手前にして
立てて置き、形を整える

ビストロ料理の定番、パテ・ド・カンパーニュ ▶▶▶ P.30

エレガントなビストロをイメージしたセッティング。ナプキンはバゲット形に折りました。

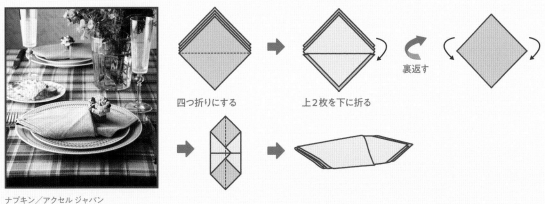

ナプキン／アクセル ジャパン

四つ折りにする

上2枚を下に折る

裏返す

北欧スタイルでサーモンマリネを ▶▶▶ P.36

あたたかなキャンドルが灯る北欧の家。絵本から飛び出したような世界を作りました。

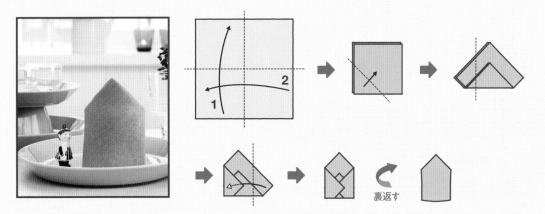

裏返す

あつあつのオーブン料理を囲んで ▶▶▶P.40

ダークな色でコーディネートしたテーブルに鮮やかなナプキンを添えて。存在感たっぷりに折りました。

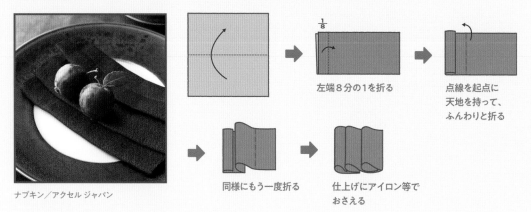

ナプキン／アクセル ジャパン

左端8分の1を折る

点線を起点に
天地を持って、
ふんわりと折る

同様にもう一度折る

仕上げにアイロン等で
おさえる

ルビー色のイタリアン ▶▶▶P.44

ワイン好きが集まるテーブル。ナプキンもグラスに注がれるワインをイメージしました。

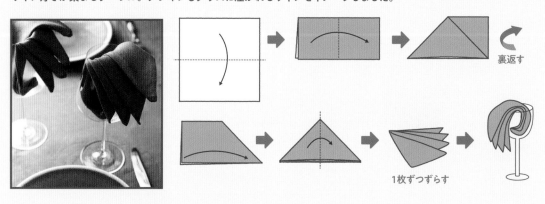

裏返す

1枚ずつずらす

コースで楽しむパスタランチ ▶▶▶P.48

春らしいパステルカラーのテーブルに、蝶のリングで留めた蝶のナプキンを。

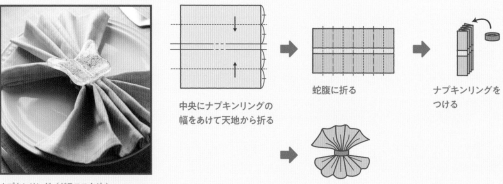

ナプキンリング／グラススタジオ

中央にナプキンリングの
幅をあけて天地から折る

蛇腹に折る

ナプキンリングを
つける

甘いシューと塩味のシュー ▶▶▶ P.54

「スワン・シュー」にちなんで白鳥形のナプキンに。お皿の上で優雅に泳ぐようです。

ナプキン／アクセル ジャパン

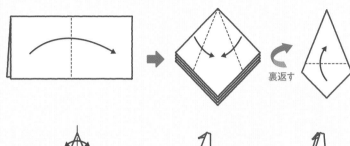

裏返す

左右を山折りにしてから
手前の三角部分を引き下ろす

先端を折り込んで
頭を作り、尾の部分を
一枚ずつ折り上げる

アイスクリーム・パーラー ▶▶▶ P.58

盛夏のスパイシーカレー ▶▶▶ P.92

アイスクリームは紙ナプキン、カレーは布ナプキンにナプキンリングを装着。同じ折り方でもまったく違う印象に。

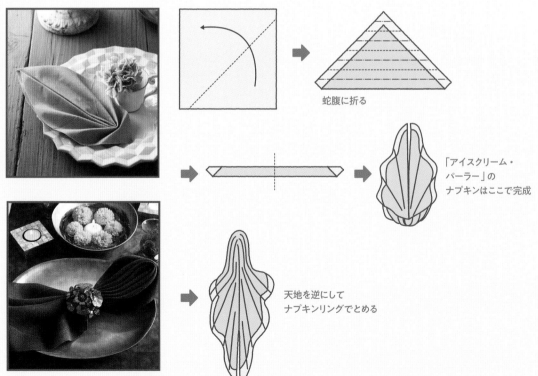

蛇腹に折る

「アイスクリーム・
パーラー」の
ナプキンはここで完成

天地を逆にして
ナプキンリングでとめる

ナプキン／アトリエ ジュンコ

クリスマスのサブレ　▶▶▶P.64

クリスマスツリーのもみの木に見立てて。星形のサブレの穴にリボンを通してナプキンリングにしました。

ナプキン／アクセル ジャパン

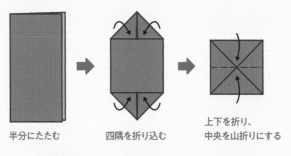

半分にたたむ　　　　　四隅を折り込む　　　　上下を折り、
　　　　　　　　　　　　　　　　　　　　　中央を山折りにする

三角になるよう左右を折り込む

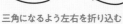

広げる

甘辛味のローストチキン　▶▶▶P.72

こちらもクリスマスツリーに見立てたナプキン。ホワイトクリスマスのツリーにオーナメントを添えて。

ナプキン／アクセル ジャパン

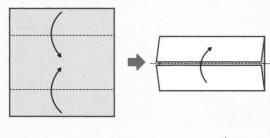

谷折りで背後に折り込む

下半分を重ねながら
全体を立てる

鍋パーティは小鍋でエレガントに ▶▶▶ P.76

韓国風の献立なのでナプキンもチョゴリ風。ビーズのブローチを置いて華やかさをプラス。

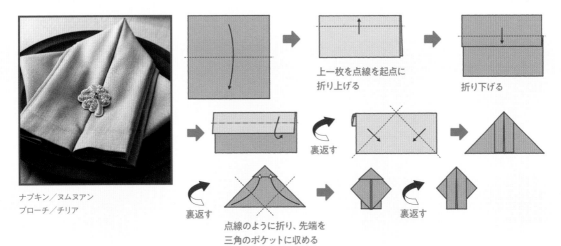

ナプキン／ヌムヌアン
ブローチ／チリア

上一枚を点線を起点に
折り上げる

折り下げる

裏返す

裏返す

点線のように折り、先端を
三角のポケットに収める

裏返す

いちごのシャンパンブランチ ▶▶▶ P.80

いちごはバラ科の植物。フリルつきのナプキンをバラの花のように咲かせました。

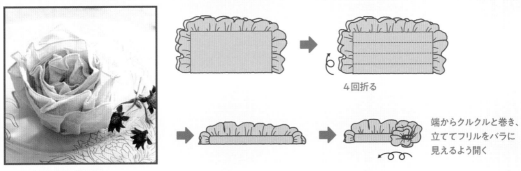

4回折る

ナプキン／麻平

端からクルクルと巻き、
立ててフリルをバラに
見えるよう開く

大人のバーベキュー ▶▶▶ P.86

アウトドアのバーベキューらしく、ナプキンもラフに。カトラリーとローズマリーをのせて麻紐で結びます。

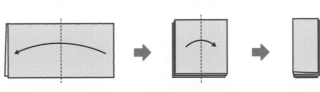

ナプキン／アクセル ジャパン

お月見の夕べに ▶▶▶ P.96

ススキたなびく秋の草原、見上げれば金色の満月。そんな景色をナプキンで演出しました。

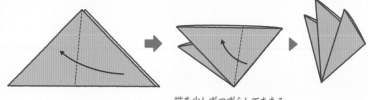

端を少しずつずらしてたたみ、
中央をナプキンリングで留める

ナプキン&ナプキンリング／アトリエ ジュンコ

煌くクリスタルに夏の養生スープを ▶▶▶ P.102

クリスタルが爽やかに輝く白の世界。ナプキンはバラのつぼみをイメージしました。

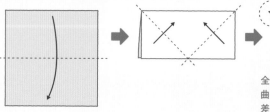

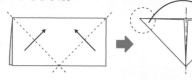

全体を山折りにするように
曲げ、片方のポケットに
差し込む

両側を
花びらのように
開く

ナプキン／アクセル ジャパン

バーニャカウダ・ガーデン ▶▶▶ P.106

ポタジェのあるカントリー風のセッティング。チェックのナプキンはにんじん形です。

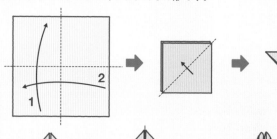

裏返す

後ろに
ふんわり
と折る

上部の三角形の口を
親指などで広げる

ナプキン／アトリエ ジュンコ

手作りロースハム ▶▶▶ P.110

大人が集うシックなバー。炎が揺れるキャンドルに見立てたナプキンです。

ナプキン／アトリエ ジュンコ

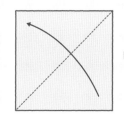
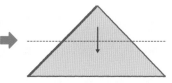

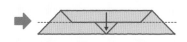

炎に見立てた左端を起点に
くるくる巻き、
右端は底に巻き込む

先端を開く

本書で使用したテーブルウェアの問い合わせ先

※本書掲載品は著者の私物であり、アイテムによっては廃盤商品もあります。ご了承ください。

アクセル ジャパン
➡ P.134,136 ～ 140
☎ 03 (3382) 1760

麻平 ➡ P.139
☎ 03 (6434) 5707

アスティエ・ド・ヴィラット
(H.P.DECO) ➡ P.58
☎ 03 (3406) 0313

アトリエ ジュンコ
➡ P.40 (ジョーヌ・ド・クローム)
　134,137,140,141
☎ 0263 (58) 9516

イッタラ ➡ P.36
☎ 0120-588-825

グラススタジオ ➡ P.20,72,80,136
☎ 075 (532) 0632

ヘレンド（伊勢丹新宿店 本館5階
キッチンダイニング／洋食器） ➡ P.72
☎ 03 (3352) 1111 (大代表)

クリストフル 青山本店 ➡ P.32
☎ 03 (3499) 5031

Jars（チェリーテラス） ➡ P.44
☎ 03 (3770) 8728

Sghr スガハラ
（スガハラショップ 青山）➡ P.44
☎ 03 (5468) 8131

チリア（チリアエンブロイダリー
　ショップ）➡ P.139
☎ 03(3494)1003

ヌムヌアン ➡ P.76,139
shop@numnuan.com

バカラショップ 丸の内
➡ P.102
☎ 03 (5223) 8868

モヴィエル（フジイ）➡ P.40
www.fcl.co.jp

山加荻村漆器店 ➡ P.76
☎ 0264(34)2411

ル・クルーゼ ジャパン ➡ P.48
https://www.lecreuset.co.jp

伊勢丹新宿店
本館3階 ウエストパーク→アスティエ・ド・
ヴィラット
本館5階 インテリア→アクセル ジャパン
本館5階 キッチンダイニング→アトリエ
ジュンコ、イッタラ、クリストフル、Jars、Sghr
スガハラ、バカラ、ヘレンド、ル・クルーゼ
☎ 03 (3352) 1111 (大代表)

Afterword
あとがき

　好きが興じて料理を学び、ごく親しい友人を集めた小さな料理サロンを自宅で始めて早24年。ご家庭で作りやすい料理をお教えしつつ、わざわざ来てくださる方々が少しでも心豊かな時間を過ごせるよう、目にも楽しい盛りつけやテーブルセッティングでお迎えするよう心がけてきました。あくまでも料理をお教えするサロンですが、いつしか演出術も知りたいとおっしゃる方が増えてきました。

　相手のことを思い、心を込めて。そしてコーディネートや演出には、スタイリッシュでモダンな要素をプラスすること。私が日頃から大切にしているおもてなしのルールです。本書からも、皆様に少しでも伝われば幸いです。

　改めて振り返ると料理やおもてなしをすることが大好きなのは、やはり母の影響が大きいのだと思います。日々の食まわりのことはもちろん洋服もすべて手作り。アートフラワーや刺繍などにも熱心に取り組むなど、クリエイティブなことが大好きでした。母の作るお弁当は、今どきの表現だといわゆる「キャラ弁」。学生時代の私は恥ずかしくて、友達に見られないようふたで隠して食べていました。洋服も友達が着る既製服が羨ましくて、もう作らなくていい！と懇願したことも（笑）。その一方で母から料理や裁縫を習い、自分で工夫してオリジナルの何かを作ること、それを誰かに楽しんでいただけることに、いつしか大きな喜びを感じるようになりました。今の私があるのは、母のおかげです。いつまでも元気でいてほしいと思います。

　本書は雑誌『家庭画報』で2年間連載した「センスが光るおもてなしレシピ」「すてきなおもてなしのプレゼンテーション」に、アイディア集を新たに加えて一冊にまとめたものです。雑誌の連載は初めての経験、しかも憧れの雑誌での連載は、私にとって大きな挑戦でした。時間が許す限りアイディアを考え、試作を続ける日々。行き詰まることも多く、担当の古屋留美さんには朝から夜まで時間を問わず相談したり試作写真を送ったり……。毎回恐ろしい数のLINEを送っていましたが、嫌な顔一つせずたくさんのヒントやご意見をくださいました。

　そして、サポートしてくださった「チーム セ・トレ・ボン」の仲間たち。ここでは親愛の気持ちを込めて愛称でお礼を申し上げます。いつもそっと助けてくれるappoさん、いつも可愛くメイクしてくれるmagoさん、2年目から撮影の背景作りに協力し

てくれたcoomieさん、撮影慣れしていない私に、ポートレート写真でいつも笑顔をくれたトイプードルのKateさん。料理メニューの翻訳は、いくちゃん＆あかりん母娘にお手伝いいただきました。

　毎回素敵な写真を撮ってくださったのは、カメラマンの角田 進さんです。いつも楽しい現場で終始笑っていたような。そんな雰囲気が誌面を通じて皆様にも伝わるといいな、と思います。

　書籍化にあたっては、デザイナーの河内沙耶花さんには洋書のような洗練されたデザインに仕上げていただきました。

　皆様のおかげで完成したこの一冊、感謝の気持ちでいっぱいです。

　個人的にはこの2年の間にいろいろな辛い出来事もありました。兄の病気が判り、私はドナーとして入院して骨髄の採取をしましたが、治療の甲斐なく帰らぬ人になってしまいました。続いて父も他界しました。大切な家族が立て続けに旅立ち、泣いてばかりで心が折れそうで、料理をする気持ちにもなれない時期もありました。しかし、『家庭画報』の連載を楽しみに応援してくれていた大好きな父と兄を思い出し、ここまで頑張ることができました。そして、この本の出版が決まったとき、一番に報告しました。天国から誰よりも二人が喜んでくれていることと思います。

　最後に、この本を手に取ってくださったすべての方に感謝申し上げます。

2020年初秋　　宮澤奈々

宮澤奈々（みやざわ・なな）

料理研究家。少人数会員制料理サロン「c'est très bon（セ・トレ・ボン）」を主宰。

百貨店や企業とのコラボレーションイベントやセミナー講師、器のプロデュースなど、料理研究家という枠にとらわれず、食空間のコーディネートにも才能を発揮。そのセンスは上質な暮らしを心がける人々から圧倒的な支持を受けている。

著書に『おいしく見せる　盛りつけの基本』『喜ばれるおもてなし和食』『アミューズでおもてなし』（以上、池田書店）、『シンプルなおもてなし』（小学館）がある。

www.nanamiyazawa.com/

Staff

撮影	角田 進 阿部 浩（P.25〜29）
デザイン	河内沙耶花（mogmog Inc.）
イラスト	ばばめぐみ
協力	広瀬あつ子　福田久美子（スタイリング） 林 昌子（ヘアメイク） 今野郁子　今野 灯（翻訳） Kate（撮影協力）
校正	天川佳代子
編集協力	柴田 泉
編集	古屋留美（世界文化社）

本書は『家庭画報』連載「センスが光るおもてなしレシピ」（2018年5月号〜2019年4月号）、「すてきなおもてなしのプレゼンテーション」（2019年5月号〜2020年4月号）、同誌特集「お洒落サンドイッチ」（2016年5月号）を基に、新規取材を加えて再構成したものです。

素敵なおもてなしの
プレゼンテーション

発行日　2020年9月10日　初版第1刷発行

著者	宮澤奈々
発行者	秋山和輝
発行	株式会社世界文化社 〒102-8187 東京都千代田区九段北4-2-29 編集部　03-3262-5117 販売部　03-3262-5115
印刷	株式会社リーブルテック
製本	株式会社大観社
DTP制作	株式会社明昌堂

© Miyazawa Nana, 2020, Printed in Japan
ISBN978-4-418-20314-7